JN410183

# 야생화의 꿈

# 야생화의 꿈

정장림 수필집

좋은수필사

책을 내며

# 야생화처럼 끈질긴 생명력으로

저마다 살아가는 목적도 노력도 다르지만 인생살이 거기서 거기인 것 같습니다. 길어야 80~90년 잘 살고 가는 분이나 그렇지도 못한 분이나 허전하고 후회스럽기는 매 한가지라고 하니 내 인생도 그중 하나이겠지요?

누구나 공평하게 배정받은 24시간을 아끼고 아끼며 앞을 향해 길을 넓히고 곧게 가는 사람이 있는가 하면, 그 소중한 시간이 어디로 어떻게 빠져 달아나든 신경 쓰지 않고 허송세월하다가 나락으로 떨어져서는 남을 탓하는 삶도 흔히 보면서 살아가고 있습니다.

돌이켜보면 보잘 것 없는 삶이였지만 야생화처럼 끈질긴 생명력을 가지고 누가 알아주든 알아주지 않던 소박한 꿈을 가지고 열심히 살아왔습니다.

늘 내 생활에 만족하려 노력했지만 나를 받치고 있는 환경이 내 편이 되어주지 않아 용수철처럼 튀어보려고 꿈틀대는 날들이 참으로 많았습니다.

나이 들어서는 재물보다 소중히 여기는 나의 시간을 지루하지 않게 보내려고 많은 노력을 했지만 글을 읽는 일 외에는 별다른 대안을 찾지 못했습니다.

이제 나에겐 아낄 것도, 감출 것도 없습니다. 서툴고 부끄럽지만 내가 여러 사람에게 줄 수 있는 것은 이것밖에 없을 것 같아 고해성사하는 심정으로 이 책을 엮습니다. 이 책의 독자들이 세상을 살아가다가 시행착오를 겪을 때 내가 살면서 겪은 이야기들이 다소나마 참고가 되고 위안도 줄 수 있다면 더 바랄 것이 없겠습니다.

2010년 6월 지은이

# 1부

# 2부

# 3부

# 4부

# 5부

# 1부

# 어머니의 계란 이야기

학교 앞을 지나는데 어디서 병아리소리가 들려온다. 봄이라고는 하지만 아직 개나리도 진달래도 피지 않은 차가운 날씨다. 암컷들은 가려서 양계장으로 보내고 수평아리들만 파는 아주머니가 하교하는 아이들에게 팔고 있었다. 아이들은 한 마리에 백 원씩 주고 사들고 신이 나서 집으로 가지만 대다수가 제대로 거두지를 못 해서 죽이고 만다. 수컷으로 태어난 병아리들은 수명을 다하지 못하고 죽는 불행을 운명으로 받아들여야 한다. 나도 아이들 틈에 끼어 병아리를 들여다보려니 친정어머니 생각이 난다.

내가 어릴 때는 봄이면 어미닭이 둥지에서 온몸으로 알을 품고 병아리가 나올 때까지 기다렸다. 이윽고 병아리가 나오면 어미닭은 털실뭉치 같은 병아리들을 거느리고 양지바른 마당에서 벌레를 잡아 먹이려고 늘 골골거렸다. 병아리가 귀여워서 어머니 몰래 한 마리 잡아가지고 통시 옆에 가서 놀다가 어머니에게 들켜 야단을 맞았다.

시집 올 때만 해도 무엇이고 자급자족하면서 살아가는 게 농촌생활이라 주위에 양계장은 볼 수가 없었다. 집에 암탉 세 마리와 수탉 한 마리를 기르면서 어머니는 늘 네가 시집가면 사위 오는 날 이 닭을 잡아 대접하겠다고 말씀하셨지만 나는 그 말씀을 새겨듣지 않았고 어머니는 그것을 실천하지도 않으셨다.

닭들은 집 밖으로 나가 자유롭게 놀면서 벌레를 잡아먹기도 하고 노적가리의 곡식을 따먹으며 대청마루며 부엌에도 마음대로 들어와 볼 일을 보는 것이 나는 너무 싫었지만 어머니는 알 모으시는 재미로 짜증을 내지 않았다. 하루에 알을 2~3개씩 둥지에 낳아놓고는 주위가 떠들썩하게 울어댄다. 어떤 놈은 집 주위 아무데나 알을 낳아서 어머니가 바가지를 들고 숨바꼭질하듯 찾아다니며 주워 오시면서 계란 찾아다니는 재미도 있다고 했다. 그렇게 해서 얻어진 계란은 아버지의 조반상에 올랐고 잡수시다 남으면 오빠 차지가 되었다.

1963년 10월 23일 초가을, 어머니의 소원대로 작은아버지의 중

매로 내 결혼 날자가 잡히고 그 날이 사흘 앞으로 닥쳐와 모두가 잠든 시간에도 잠을 이루지 못하고 많은 생각을 하고 있는데 밖에서 "잠깐 들어가도 되겠니?" 하는 어머니 음성이 들려왔다. 어머니 손에는 계란이 들려 있었다. 식구들에게 다 나눠 줄 수 없어 잠자는 틈을 타서 삶아온 것이라고 했다.

"이것 좀 먹어봐."

여식이라고 계란 한번 먹이지 못한 것이 마음에 걸렸나 보다.

"이야기 좀 할까?"

"무슨 이야기인데요?"

"어미가 배운 것은 없어도 남에게 손해보이는 일 없었고 욕먹지 않고, 부자는 못 되었어도 열심히 살았다. 여자는 결혼과 동시에 고생길로 들어가니 어떤 어려움이 있어도 친정 생각하지 말고 친정 문 앞에 와서 얼씬거려서는 안 된다."

지금 내가 생각해보면 시집가는 딸에게 그렇게 위협적인 말을 하지 못했을 것만 같은데 그때 당시 친정 부모님들은 긍정적인 말보다 부정적으로 말씀을 하셨던 것 같지만 딸을 사랑하는 그 마음 이해는 간다. 눈물 어린 계란을 먹고 있는데 어머니가 다시 입을 여셨다.

"이 계란은 값으로 따지면 얼마 되지 않지만 결혼한 부부들이 본받으며 살아가야 될 지혜가 이 속에 많이 숨어 있단다. 계란이 잘 구르게 생긴 것처럼 부부는 합심을 해서 잘 굴러가야 되며, 그 속에 노른자와 흰자가 물로 되어 있으면서도 서로 엉키지 않고 자기 위치를 잘 지키는 것처럼 부부는 서로 할 일이 분명히 다르다는 것을 의미한다. 그러니 서로에게 지나친 간섭을 해서는 안 된다는 것이며 노른자와 흰자가 어디에 있는지 밖에서 보이지 않는 것은 부부가 집안에서 어떤 일을 해도 남이 알게 해서는 안 된다는 뜻이다. 이것은 엄마가 늘 계란을 주워 담으면서 느끼고 살아온 엄마의 생활방식이다. 너도 명심하고 남편 하는 일에 너무 간섭하지 말고 네 자리 잘 지키며 싸우지 말고 살아라. 살다 보면 서로 뜻이 달라 언쟁을 하게 될 때도 있다만 계란 속을 밖에서 볼 수 없는 것 같이 부부가 집안에서 어떤 일을 해도 남이 알게 해서는 안 된다는 뜻이다. 끝으로 꼭 손자를 내게 안겨 줘야 된다. 우리 딸 현명해서 공부도 잘하고 이제까지 말도 잘 듣고 말썽 없이 잘 자라 주었으니 꼭 잘살 것이라고 믿고 싶다. 어미의 부탁이다."

어떻게 어머니는 이런 생각을 하고 사셨을까! 며칠 후 나는 결혼식을 무사히 마치고 날 길러주신 부모님, 사랑하는 형제 곁을 떠나 왔다. 낯선 곳에서 새로운 사람들과 인연을 맺으며 적응을 하는데 너무 힘이 들어 울기도 많이 울고, 모든 것을 포기하고 싶은 날도 많았다.

사람이 혼자서 잘 살 수는 없다는 것을 시집 식구들과 같이 살면서 알게 되었다. 순탄하지는 않았지만 어머님이 들려주신 계란 이야기를 생각하며 참고 또 참다 보니 내 가정을 지킬 수가 있었다.

나도 결혼하는 내 자식들에게 어머님처럼 훌륭한 교훈 한마디쯤은 해서 보내야 할 텐데 내 머리로는 어머니 같은 생각이 떠오르지 않아 그렇게 하지 못 했다. 내 어머니는 참으로 훌륭하신 분이셨다. 평상시 말이 없고 남이 듣기 싫은 말은 절대로 하지 않으며 백수를 누리시다, 돌아가실 무렵에는 좋은 봄날 죽어 꽃구경 가신다고 늘 말씀하더니 정말, 부활절 날 세상을 뜨셔서 식목일 날 장례식을 올리고 석가모니 탄신일인 초8인 49제였다. 이렇게 좋은 날에 세상 떠나는 사람이 몇이나 될까! 장례식장에서 염하시는 분은, 시신을 몇 백을 만져 봤지만 할머니처럼 깨끗한 시신은 없었다며, 할머니가 무슨 종교를 믿었느냐고 물었다.

# 천사들의 밥상

처진 기분을 업그레이드 시킬 수 있는 상쾌한 날씨다. 서둘러 집안 일을 마치고 장애인복지관에 점심 봉사를 가려고 하는데 요즈음 도둑이 설치고 다닌다는 말이 떠올라 집안 단속을 잘 해놓고 소지품을 챙겨들고 집을 나섰다. 세상에는 재미있는 일도 많고 유혹을 해오기도 하지만 내가 남을 위해 일을 하고 희생했을 때 뿌듯하고 보람이 있다는 것을 해보지 않고는 모른다.

내 나이에 앞으로 남을 위해 일 할 수 있는 시간이 그리 많지 않다는 것을 잘 알고 있기에 시간만 있으면 일을 찾아다니는 편이다. 오늘은 그분들의 밥상을 차리기 위해 가쁜 숨을 몰아 쉬며 버스 정류장에 닿았다.

장애인복지회관이라고 쓰여진 차가 앞에 와 멈춰선다. 차에 오르자 모두들 벨트를 매고 앉아 화사하게 웃는 얼굴로 "안녕하세요, 반갑습니다." 라고 인사를 하는데 그분들에게는 그 인사말조차 결코 쉬운 말이 아니다. 혀가 의지대로 따라 주지 않아 말이 잘 되지 않고, 간신히 말을 마쳐도 모서리가 깎인 듯 얼버무리게 된다.

서로 다른 조약돌처럼 그분들이 가진 장애도 저마다 다른 모습이었다. 천사들을 대하는 순간 목숨이 축복만은 아니라는 생각이 들 때도 있다. 가슴이 뭉클해져 정면으로 볼 수 없다. 평상시 같으면 빈 좌석 찾느라 두리번거렸을 나였지만 성한 몸으로 좌석에 앉을 수가 없었다.

복지회관에 들어서자 목이 휘어져 위를 쳐다 볼 수 없는 사람을 보니 바람을 이기지 못해 갈대처럼 몸이 흔들리며 내딛는 걸음이 위태로워 가슴이 조마조마하다. 반가운 표정을 지으며 어린아이 옹알이하듯 말을 걸어온다. 눈치 코치 모아 그의 마음을 읽어보려고 애를 써보아도 파악이 되지 않아 도움을 줄 수 없다. 당황한 내 얼굴은 붉어졌고 무안한 듯 환하게 웃고 돌아앉는 그의 얼굴이 눈에 밟힌다. 내 속이 이렇게 답답하고 안타까운데 소녀의 가슴은 얼마나 아리고 시릴까! 앞으로 얼마나 많은 세월을 가슴 조이며 외로운 삶을 살아가야 할까! 늘씬한 키에 아름다운 외모를 갖지 못해 공석에 가면 늘 자신이 없던 내가 천사들을 만나는 순간부터 교만해지는 것이 아닌가 싶어 잘못된 생각이라는 것을 금방 깨달았다.

당장은 아니어도 장애를 깨끗이 벗어던지고 현실에서 벗어나고 싶은 마음이야 꿈속에선들 잊었겠는가? 석쇠로 오징어를 구워 놓으니 긴 머리 소녀가 옆으로 다가와 오징어를 잡으려는 순간 가슴이 찡해온다. 너무도 가늘고 힘없이 생기고 숫자도 모자라는 손가락이 제 자리를 모르고 엉켜 붙어 오징어 발인지 손가락인지 구별이 안 된다. 손으로 오징어를 잡을 수 없어 손가락 사이에다 끼워 들고 양 손가락으로 당기면서도 그 얼굴에는 웃음이 떠나지 않는다. 평생을 그렇게 살아야만 한다면 힘들어도 밝은 미소로 살아가야 되겠지!

자기들이 가진 장애보다 더 아프고 못 견디는 것은, 육신이 성한 사람들의 편견과 거부하려고 하는 눈빛이라고 한다. 잘난 척, 고상한 척, 살아가는 사람도 들여다 보면 모두가 장애인이다. 정신적으로 더 크고 많은 장애를 가지고 숨기면서 살아가는 나는 혹시 힘없고 가여운 사람에게 상처주고 괴롭히지 않았을까 한 번쯤 뒤를 돌아다볼 필요가 있다. 살아가면서 눈에 보이는 신체적 장애인보다 정신적인 장애인이 더 많은 죄를 짓기 쉽다.

아침부터 정오까지 가슴이 찢어지는 아픔을 억지로 참고 견디어서 그런지 명치끝이 빼근해온다. 순간 내 마음은 소녀의 가슴을 쓸어내렸고 눈은 현실을 벗어나고 싶어 창밖을 보았다. 정오가 되자 조리질하듯 발을 저으며 식당으로 들어서는 사람, 한 팔로 단장을 짚고 식판을 들 수가 없어 눈치만 보고 서 있는 사람, 모두가 자기 의지와는 상관 없이 운명이란 이름 아래 장애를 가진 가여운 내 이웃이 모인 곳, 마음은 거울처럼 맑고 욕심 없어 남을 해칠 줄 모르는 천사 같은 모습, 우리 몸 어디에도 장애는 올 수 있고 그것은 순간적이다. 앞을 보지 못해 거울 앞에 설 수 없는 사람, 제 모습을 모르고 둘이 등을 지고 서도 마주 서 있는 줄 알고 웃으며 이야기하는 그분들을 보고 웃을 수만은 없다.

오늘 하루 짧은 만남이었지만 희비가 엇갈리는 하루였다.

일할 수 있을 때 한가한 푸념으로 시간을 죽이며 몸을 아끼고 게을리 살아온 내게 일침을 가하는 하루였다. 몸과 마음을 자유롭게 할 수 없는 천사들의 밥상은 그들에게는 희망이요, 욕망이다. 희망과 욕망을 잃지 않도록 천사들의 밥상은 앞으로도 계속 차려질 것이다.

# 아줌마들의 수다

영남 관문을 들어서면 여기가 김천이라는 것을 누구나 알 수 있다. 하늘까지 노랗게 물들인 은행잎을 길거리 가득 쏟아 부을 때면 소녀처럼 환상에 빠져 나도 모르게 즐거운 비명이 나오고 어느덧 나는 가을 나그네가 된다.

날씨가 추워지면 해마다 겪는 감기처럼 마음은 나를 길러주신 부모님 곁으로 달려간다. 부모님은 어려움을 딛고 육남매를 기르기 위해 먹을 거리, 입을 거리가 부족해 배를 곯고 추위에 떨어도 자식들에게만은 최선을 다해 왔다. 식량이 넉넉지 않아 골짜기마다 비알밭을 일구고 농사를 지었지만 비료도 없어 남보다 먼저 일어나 동네 밖을 다니며 개똥을 모아 밭에다 주곤 했다. 그렇게 애를 써도 가을에는 거두어들일 것이 별로 없었다. 감나무도 흔치가 않아 고염나무를 밭둑에 심어 늦가을에 까맣게 주렁주렁 달린 고염을 털어다 장독 가득 눌러 놓으면 꿀처럼 달콤한 물이 단지 가득 고였다. 학교에서 돌아온 형제들은 누구라 할 것 없이 고염을 떠다 점심 겸 먹고 추워서 덜덜 떨며 허기를 면하곤 했다. 그때는 입을 것도 변변치 못해 목화로 실을 뽑아 무명베를 짜서 누르스름한 베를 잿물에 삶아 울타리에 널어놓으면 햇빛에 바래서 희게 되었다. 어떤 때는 희기도 전에 울타리에 널어둔 베를 도둑이 걷어간 일도 있었다. 어머니가 몹쓸 사람 하며 소리 없이 눈물을 흘리는 것을 보고도 나는 위로의 말도 못했다.

낮에는 밭일을 하고 밤이면 호롱불 밝혀 놓고 잘각잘각 소리를 내며 한 올 한 올 짜낸 무명을 몽땅 잃어버렸으니 얼마나 가슴 아팠겠는가? 한 필을 만들려면 한 달도 좋고 두 달도 좋았다. 어머니는 지칠 줄 모르고 닭이 울어야 호롱불을 끄고 베틀에서 내려오셨다. 먹을 것 입을 것 부족한 상태에서 잠도 부족한 어머니가 육남매를 키워내려니 얼마나 많은 고통을 겪으셨을까!

석유도 마음 놓고 쓸 수 없을 만큼 가난한 살림을 꾸려 가시는 부모님은 자식들이 공부를 잘해야 된다는 것은 관심 밖이어서 여식들은 언문이나 터득하고 집에서 가사 일이나 착실히 배워 시집 잘 가면 된다고 생각하셨다. 지금 생각하면 공부도 시키지 않고 시집 잘 가기를 바라는 것은 어불성설이다.

언니들은 모두 초등학교를 중퇴했지만, 나는 복인지 운인지 중학교 입학을 수석으로 한 후 1 · 2등자리를 빼앗기지 않은 덕에 무사히 졸업할 수가 있었다. 지금은 집집마다 수도가 들어오고 전기가 들어오지만 40년 전만 해도 시골에는 전기가 없는 마을이 태반이었고, 동네 군데군데 있는 우물도 통나무로 틀을 만들어 놓고 여러 집이 같이 물을 길어다 먹었다.

동네 아주머니들이 우물가에 모이면 누구 집 제사가 언제인지 누구 집 어르신 환갑이 며칠인지 뉴스를 알리듯 알려주는가 하면, 마음에 들지 않는 사람이 있으면 험담을 다 하고야 우물가를 떠났다.

우리 집에는 닭을 비롯해 돼지, 개, 소가 있고 우물도 있어 밖에 물 길러 갈 일은 없었다. 엄마가 늘 바쁜 탓에 심부름은 언제나 내 몫이었다. 그 덕에 나도 동네 뉴스를 빼놓지 않고 들을 수가 있었다. 지금 생각하면 이해가 가지만 그때는 어른들이 무슨 말을 해 놓고 웃어대는지 이해가 가지 않았다.

한 어머니가 웃으면서

"이야기 해줄까?"

하신다. 모두들,

"무슨 이야기인데."

“어제 막둥이 엄마가 들켰대.”

“들키다니.”

“이야기 듣고 배꼽 빠질 뻔했다니까!”

“혼자만 웃지 말고 빨리 이야기 좀 해봐, 나 바빠.”

“막둥이 아버지가 베(무명)를 팔러 갔다가 반달 만에 집에 왔다나?”

“그랬지.”

“밤에 잠자리를 아이들한테 들켰다네.”

“그런데.”

“문제는 일어나보니 검둥이가 빤히 바라보고 앉아 있더래, 얼마나 무안하던지 검둥이 아버지가 머리를 쥐어박으면서 자지 않고 앉아 있느냐고 하니까, 누워 있던 동생이 하는 말이, ‘히야(형)는 누워도 잘 보이는데 괜히 앉아서 보다가 두들겨 맞네’ 하더래요.”

아주머니들은 우물가가 떠나가거라 하고 까르르르 웃어댄다. 그래도 나는 그때는 그 말이 무슨 말인지도 모르고 웃는 아주머니들이 우스워서 같이 웃었다. 지금 생각하니 너무도 살기가 어려워 아이들과 한방에서 한 이불 덮고 자던 시절이라 그럴 수도 있겠다 싶은 생각이 든다.

지금은 친정이라고 가면 그분들이 모두 세상을 뜨시고 동네도 낯선 동네로 변해 누가 살고 있는지 조차 파악하기 힘이 든다. 하지만 산천은 변하지 않아 그곳에서 부모님의 모습을 찾게 된다. 해질 무렵이면 소달구지에 짐을 싣고 "이랴이랴." 소리를 내시며 산모퉁이를 돌아 사립문을 들어서시던 아버지, 타작 마당에서 와랑(탈곡기)을 힘차게 밟으며 탈곡을 하시던 두 오빠의 모습, 자식 잘 되라고 우물가에 촛불을 밝히고 소지 종이에 불을 붙여 비나이다, 비나이다 용왕님 전 비나이다. 우리 아들 일취월장하기를 용왕님 전 비나이다. 두 손 합장하시던 인자하신 어머니의 얼굴도 세월에 묻혀버린 지 오래 되었지만 지금도 내가 힘들고 외로울 때면 마음속 깊이 꽁꽁 묶어 두었던 옛 모습들을 그려본다.

# 고부간 갈등

꽃피는 4월이면 찾아가고 싶은 곳이 있다. 성별도 이름도 모르는 이의 무덤이지만 그 앞에 찾아가, 당신 때문에 나는 아직도 건전한 생각으로 누구도 미워하지 않고 살고 있다고 감사하고 싶다.

40년 전, 시조모님, 시어머님 비위 맞추며 시집 식구 손발이 되어 살기가 남들 보기에는 쉬운 일일지 모르지만 나에겐 하루하루가 힘겨워 야간도주라도 하고 싶었다.

시집오던 날 낯선 방에서 친정 아버지와 단둘이 앉아 작별 인사를 나누려다가 아버지가 내 손을 꼭 잡고는 아무 말씀도 못 하시는데 아버지의 체온이 내 뼈마디마다 스며들었다. 목이 메어 한참을 방바닥만을 바라보시던 아버지는 천정을 보시고 그래도 말문이 안 열리는지 한숨을 크게 내쉬신다. 그렇게 얼마가 더 지나서야, "이제 너는 잘 되어도 네 복이고 못 되어도 네 탓이니 결혼하면 그 집 조상이 되어야 한다. 살아가는 동안 어떤 일이 있어도 부모 욕을 먹여서는 아니 된다. 너의 엄마 벙어리 삼년 눈멀어 삼년 귀 먹어 삼년 구년을 살았다."

하시고는 천리 타향 낯선 곳에 나를 떼어놓고 가신 후로 세상 뜨시도록 내 방에 들어선 적이 없었다. 나로서는 새록새록 가슴 아픈 일이다. 그 후 해만 지면 하루의 고단함이 서러움으로 북받쳐 모두가 잠들면 눈은 고향 하늘을 바라보고 마음은 친정 부모님을 그리며 옷고름으로 눈물 닦던 날이 참으로 많았다. 경상도와 충청도는 지금도 다른 풍속이 많지만 그 당시 경상도 사람들은 욕을 예사말처럼 사용하고 있었다. 나는 그게 그렇게 싫고 분할 수가 없었다.

어느 해 겨울이 지나고 봄이 무르익는 4월이었다. 입맛이 없다며 시어머님께서는 낮에 죽을 끓이라 하시고 마늘밭에 풀을 뽑으러 가나가셨는데, 조모님이 부엌으로 들어오시더니,

"요즈음 봄철이라 그런지 입맛이 통 없구나 찰밥 좀 하면 좋겠다."

하셨다. 시어머님이나 시조모님이나 입맛이 없다면서 왜 서로 다

른 것을 하라고 하나, 어머님이 죽을 끓이라고 하셨는데 할머님은 찰밥을 하라고 하셨으니 누구의 말을 들어야 할 것인가! 이렇게 난감할 때가 종종 있다. 이때마다 나는 나쁜 며느리가 아니면 나쁜 손부가 되어야 한다. 그날에 애써 한 노동의 대가는 언제나 기대할 수가 없다.

맛있는 찰밥을 지어 놓고 시어머님이 돌아오시면 나는 어떻게 말을 해야 집안이 편안할까? 가슴은 조이고 두려움이 엄습해 온다. 시간이 더디게 흘러갔으면 좋겠다는 생각도 들었다. 정오가 넘어서 일에 지쳐서 돌아온 시어머님 앞에 놓여진 것은 죽이 아닌 찰밥이었다. 말보다 눈길이 먼저 나를 응시하신다. 전 같으면 "어머님 시장하시죠?" 했을 텐데 시어머님을 정면으로 볼 수가 없었다. 전후 설명을 할 틈도 없이,

"넌 시어머니를 어떻게 알고 네 멋 대로냐? 너희 집에서는 그렇게 가르쳤냐?"

하는 어머님의 음성이 담을 넘었다. 내가 지혜롭지 못한 탓에 친정 부모님을 욕 먹이고 말았다. 서러움이 북받쳐 올랐다. 상황 설명이라도 해주셔야 될 조모님이 모른 척 밖으로 나가시니 원망스럽고 속상해서 울컥울컥 복받치는 서러움에 앞이 보이지 않았다.

집에서 멀리 떨어진, 아무도 볼 수 없는 양지바른 곳에 무덤이 있었다. 나는 그 무덤으로 가서 울면 혹 누가 보더라도 그 집 딸이

나 며느리가 부모 산소에 들렀다가 부모를 생각해서 울겠지 할 것 같아 뒤도 돌아보지 않고 묘 앞에 엎어져 두 손으로 무덤을 치며 마음이 후련해 질 때까지 울었다. 울다가 생각을 하니 그 무덤의 영혼이 나를 시끄럽다고 원망하지 않을까 싶었다. 갑자기 미안한 생각이 들어 손에 붙은 흙을 털고 일어나려다 손바닥을 한참 쳐다보려니 갑자기 떠오르는 생각, —왜 네 개의 손가락은 사이좋게 붙어 있는데 유독 엄지손가락만이 짧고 굵으며 혼자서 아래로 내려와 붙어 있을까? 그러고 보니 마치 내가 엄지손가락 같다는 생각이 들었다. 엄지손가락은 맏자식이고 나머지 네 손가락은 차남을 의미하는 것이 아닐까! 무슨 일을 하든지 엄지손가락은 혼자 가고 네 손가락은 같이 다닌다.

대부분 가정이 차남들끼리는 잘 뭉치고 의도 좋고, 부모님들도 장남보다는 차남을 감싸는 집이 많은 것으로 알고 있다. 엄지손가락 하나가 써야 될 힘과 네 손가락이 합친 힘이 같다는 생각이 들어 맏자식은 차남 자식들보다 배로 힘들게 살아야 된다는 것을 깨달았다. 그렇기 때문에 엄지손가락은 많은 힘을 쓰기 위해 굵고 짧다는 것도 알았다. 다른 손가락보다 아래로 붙은 것은, 맏자식은 언제나 겸손해야 된다는 뜻 아닌가 하는 생각이 들어 절로 숙연해 진다. 엄지손가락이 없다고 생각하면 막대한 어려움이 따를 것이라는 생각도 들어 시집살이 고달프고 힘들 적마다. 내 손을 펼쳐

들고 바라보며 난 맏자식이고 엄지손가락이라고 혼자말로 중얼대며 살았다.

무덤의 영혼이 내가 불쌍해서 깨우쳐 준 것이 아닐까? 고맙게 생각하고 어떤 어려움이 나를 덮쳐도 당당히 맞서서 헤쳐 나가야겠다고 다짐했다. 그렇게 40여년이나 살다보니 이제는 자식들 다 제 앞가림하고 나도 살 만하다. 지금 생각해 보면 찰밥도 하고 죽도 한 그릇 끓여서 시어머니도 기분 좋도록 해드리고 시조모님도 기분 좋도록 할 수 있었을 텐데 그때는 왜 그런 생각을 못했는지, 고인이 되신 그 분들께 정말 죄송하다고 말씀드리고 싶다.

# 교도소가 달라졌어요

김천 교도소에서 행사가 있다며 김천 생활원예 회원들에게 야생화를 전시해 달라고 해서 우리 회원들은 야생화를 싣고 교도소로 들어갔다. 지금은 이곳을 교도소라고 하지먼 전에는 형무소라고 불렀다.

이곳에 수용되어 있는 사람들은 네 관문을 통과해야 밖으로 나갈 수 있다고 한다. 우리가 통과할 문은 두 번째 관문이다. 문 앞에서는 교도관들로부터 철저히 검사를 받아야 했고 명령에 따라야 했다. 철저한 심사를 하고 소지품을 전부 맡긴 후에야 들어갈 수가 있었다.

싣고 간 야생화를 2관문 복도에 보기 좋게 진열하고 나자 젊고 미남인 소장님께서 우리들을 소장님실로 초대했다. 소장님은 당신의 부인도 교도소 소장인데 전국에서 첫 번째 여자 소장이라고 했다. 차분한 말투로 김천 교도소가 생긴지 88년 되었으며 올해(2009년)로 천안 소년교도소와 합쳤고, 내부 시설도 불편 없이 생활할 수 있도록 수리를 마치고 페인트색도 칙칙한 색에서 탈피해 밝은 색으로 바꿨다며 자랑을 하셨다.

우리들에게 맛 좋은 차를 대접하고 문화 시설을 보여주겠다며 앞장서 2층으로 올라가셨다. 문화창작실, 정보통신실, 동아리반, 체력단련실, 컴퓨터실, 영화 감상실, 도서실, 휴게실, 종교실(천주교, 불교, 개신교) 등을 생활에 불편이 없을 만큼 현대적인 시설로 갖추었다. 저 많은 시설을 재소자들이 올바로 쓸 수만 있다면 퇴소 후에 살아가는데 문제 될 것이 없을 것 같았다.

이곳에서 공부를 하고 싶은 사람에겐 검정고시를 볼 수 있게 도와주고 대학에 진학할 수 있도록 공부를 시키며 전문직 자격증을 얻으려는 사람에겐 거기에 맞는 기술을 가르쳐 준다. 돈을 벌겠다는 사람에겐 내부에 공장을 운영해서 일당 27,000원을 주어, 70%는 본인 수입으로 저축을 해서 출소하면 자립할 수 있는 기금으로 적립시키고 30%는 국가에서 생활비로 충당시킨다고 하셨다. 이곳을 한 바퀴 둘러본 우리들은, 농담이지만 춥고 배고픈 노숙생활보다 낫겠다는 말을 하고 한바탕 웃었다.

한 번뿐인 인생을 품격있고 인간답게 지혜롭게 잘 살지 못하고 이곳에 들어올 때는 남을 원망도 했겠지만 일단 들어오고 나면 누구나 어려움을 피해갈 수는 없다. 모든 것이 내가 잘 못해서 생긴 일, 살다 보면 좋은 날이 올 것이라 생각하고 참고 자신을 억제하며 어려움을 딛고 바른 생활에 길들여진다. 저들이라고 왜 주변 사람에게 인정받고 사랑받으며 만족한 삶을 살고 싶지 않겠는가? 문제는 많은 욕심을 가지고 쉽게 살려고 하는데서 죄를 짓게 된다. 욕심을 버리면 마음도 편안하고 건강도 덤으로 얻게 된다.

어릴 적에 편애를 받고, 참고 억누르며 살아온 세월들이 시루떡처럼 층을 만들면서 사춘기를 맞게 되면 충동적인 행동들이 나타난다고 한다.

저들의 속을 다 짐작할 수는 없지만 작업을 하고 있는 그들의 공통점은 빛나는 눈동자를 가지고 있다는 점이었다. 늘 긴장 속에서 살다보면 눈동자는 빛이 나고 빠른 속도로 움직인다. 그러니 그 눈에는 눈물샘이 말라 있을지도 모른다.

우리는 하나의 대문을 나가면 전국으로 펼쳐진 길을 마음대로 갈 수 있지만 저들은 4개의 관문을 교도관들 눈을 피해서 나온다 해도 마음 놓고 다닐 수 있는 길이 하나도 없다. 누가 알까 두려운 과거의 허물을 멍에처럼 걸고 살아가야 하기 때문이다.

저들은 분에 심어진 야생화 같은 삶을 살고 있다는 생각이 들었다. 들이나 산에서 자라는 야생화는 다른 식물들과 어우러져 마음대로 자라고 마음 놓고 꽃을 피우지만 한정된 용기에서 물주고 영양보충 안 시키면 얼마 살지 못하고 죽어버릴 식물처럼 한정된 공간에서 늘 누군가의 감시를 받으며 주는 것만 먹고 살아야 하는 재소자들이야말로 야생화와 다를 게 없다. 식물과 같은 몸을 가진 사람들이다.

언제 출소할 지 모르는 재소자들은 앞에 놓인 야생화를 보면서 무엇을 느끼고 생각할까? 지금은 눈을 가지고도 마음대로 볼 수 없고 귀를 가지고도 들을 수 없는 처지이지만, 형기를 마치고 사회에 나와 많은 사람들의 사랑을 받고 올바로 살아 갈 수 있도록 밖에 있는 사람들이 보살펴줘야 하지 않겠는가?

# 구미 금오산 나들이

칙칙하고 답답한 날씨가 일주일 내 계속되더니 파란 가을 하늘이 답답한 할머니들의 가슴을 시원스럽게 열어주고, 집에만 계시던 할머니들의 나들이를 도와 드린다. 오늘은 신애 도립 노인전문병원 할머니들이 휴게실을 벗어나 금오산 야외 나들이 길에 올랐다.

자연 사랑 연합회 회원 몇 명이 노인들을 돌보기로 하고 같은 차에 올랐다. 김천서 구미 금오산까지는 40~50분 거리이다. 모두가 몸이 자유롭지 못한 할머니들이라 몇몇 할머니들은 휠체어로 올라갈 예정인데 불미스러운 일이라도 생기면 큰일이라는 생각이 들어 봉사자들은 긴장을 풀지 못하고 한 할머니에 한사람씩 따라

붙었다. 이 선생님과 박 과장님이 힘주어 열심히 휠체어를 밀고 오르막길을 올라간다.

우리 일행은 구미 자연 사랑 연수원에 들러 직원의 안내를 받으며 야생화 구경을 하고 조 선생님으로부터 안내를 받아 놀면서 쉬면서 아름다운 꽃을 보고 소리도 지르며 숲속을 거닐다 직원에게 토종 뽕나무에 얽힌 옛이야기를 들었지만 어르신들의 표정은 이야기를 하거나 말거나 담담하기만 했다.

우리들은 자연연수원 소강당을 빌려 가져온 김밥을 나누어 맛있게 먹고 연수원 건물 안에 박제를 해서 진열한 곤충들을 보고 밖으로 나가 야생화들을 구경했다.

이곳저곳을 둘러본 후 연수원을 빠져나와 금오산 케이블카를 타려고 그곳으로 갔다. 케이블카를 타려면 체중이 적어도 50kg이 넘는 할머니들을 등에 업고 층마다 15계단이나 되는 계단을 3층이나 올라가야만 된다. 부축만 해드려서 갈 수 있는 어른들과 걸을 수 있는 할머니들은 가고, 업혀 가셔야 될 할머니들은 이곳에서 우리와 같이 놀면 좋겠는데 어떻게 하시겠어요? 물으니 대답이 없다. 따라 가고 싶으신 모양이다.

할머니들은 박 과장님의 등에 업혔다. 박 과장님의 목에선 땀이 감당할 수 없이 흘러 등이 다 젖었다. 요즈음 자기 부모가 싫어서 몰래 내다 버리는가 하면 며칠 전 TV뉴스에서는 어머니가 게임을 못하게 한다고 둔기로 때려 죽였다는 뉴스도 있었다. 이런 세상에 박 과장님과 같은 효자가 흔한 일은 아니라는 칭송이 오고가는 사람들 입에서 들려온다. 노인들을 등에 업고 오르는 선생님을 본 어르신들은 가는 곳마다 요즘 어느 자식이 저렇게 할까 정말 보기 드문 젊은이라며 박수를 아끼지 않는다. 박 과장님은 정말 누가 보아도 예절 바르고 정이 넘쳐나는 보기 드문 젊은이다.

보다 못한 나는 너무 애석해서 계단 밑에서 할머니들을 돌보고 있을 테니 걸어 올라갈 수 있는 할머니들만 모시고 다녀오라고 했더니, 이 할머님들이 이번에 케이블카를 타보시지 못하면 다시는 이곳에 못 올지도 모른다며 모두를 업어 올리다 보니 30분이 넘게 걸렸다. 할머니들은 케이블카에 올라 내려다보는 경치가 너무 아름다워 본인들이 아직도 젊은 것으로 착각을 하고, 있는 힘을 다 쏟아 고함을 지르며 일제시대 배웠던 일본 노래도 부르고 고향에서 있었던 옛 이야기를 들려주기도 한다.

케이블카에서 내려다본 계곡물은 안 마셔도 갈증을 풀어주고 무성하게 자란 나무들은 아름다운 단풍으로 새 단장을 하려고 바람몰이를 하면서 약해져가는 햇빛을 모아 힘없이 올라온 노인들을 힘껏 끌어안는다. 옛날에 고생했던 어른들이라 몸은 비록 구부러졌지만 기본 체력이 남아있는지 한 사람도 낙오되지 않고 모두 폭포수까지 올라오셨다. 올 여름은 날씨가 가물어서인지 폭포엔

물이 말라 이끼와 잡초만이 무성하게 자라고 있었다.

한참을 쉬어서 땀을 식히고 내려오는 길에 선희 할머니는 80세를 바라보는 나이라 숨이 찰 텐데,

"잘~있 거라 나는 간다. 이별의 말도 없이…."

하며 30~40대 못지않게 간드러진 음성으로 노래를 불러 산을 올라오던 젊은 부부들은 깜짝 놀라 깔깔거리고 박수를 치며 잘하신다고 고함을 질러 온산이 메아리로 덮였다. 할머니는 좋아 어쩔 줄 모르고 신이 나서 연달아 노래를 부르고 90세와 92세 되는 할머니도 아직은 늙지 않았다는 듯이 열심히 험한 산길을 뒤처지지 않고 따라오셨다.

시설에서 집단생활을 하고 있으니 90세 노인이 이 높은 산에 오시지 집에서 홀로 계시면 오고 싶어도 꿈도 못 꿀 일이다. 집 떠난 할머니들은 내가 언제 치매를 앓았나 할 정도로 즐거워하시는 모습이 보기가 좋았다. 모두가 한마음이 되어 오늘 하루 즐거웠던 기분이 일 년 내 할머니들 마음에 전해졌으면 좋겠다.

# 교육이 달라져야 행복한 가정이 된다

김천은 황악산 정기가 서리고 직지감천 맑은 물의 정기를 받아 태평성대를 이루고 있는 도시다. 김천시민의 땀과 피로 지어진 김천여성복지회관에서 젊은 여성이나 나이든 여성 할 것 없이 직장을 가지기 위해서, 취미생활을 하기 위해서 모여드는 여성들로 늘 북새통을 이룬다.

김천시를 상징하는 푸른 은행나무는 어느새 노란 단풍이 들어 온통 거리를 물들이고 있다. 밤이면 가로등 불빛을 받으며 사람들 시선을 끌면서 떨어지는 은행잎이 발 아래 차곡차곡 쌓이고 올려다본 은행나무는 마치 신라 임금님의 금관과도 같은 모습을 하고 있다고 누가 말했다. 은행잎이 익으면 신라 임금님의 금관과 같다고 아름다운 글을 쓰는 사람에게는 시가 나오고 그림을 그리는 사람에게는 그림이 된다.

일주일에 두번 가는 여성복지회관인데 늘 기다려지고 오고가는 버스 속에서는 잔잔한 생활 이야기들이 조근조근 정겹게 우정으로 쌓여간다. 수업시간이면 한마디라도 놓칠세라 모두를 숨을 죽이고 듣는다.

김천시 여성을 위해서 삼복더위도 마다 않고 각처에서 달려오신 교수님들의 강의는 듣고 또 들어도 아쉬움으로 남는다. 어머니들이 자식들에게 이제까지 하고 있는 교육은 남들이 피아노학원에 가니까 나도 식당에 나가 아르바이트를 해서라도 자식을 피아노학원에 보내야지, 또는 이웃아이가 외국에 가서 영어를 배우니 나도 집을 줄여서라도 외국으로 가야되겠다는 식으로 남이 하는 것 따라 해서는 남 따라다니다 볼일 다 본다. 아이가 무엇을 잘하는지 무엇을 하고 싶어 하는지 찾아 좋아하는 일을 하게 해주는 것이 부모님들의 할 일이다.

용혜원 시인은 단 한 번뿐인 삶을 멋지게 살아야 한다면서 두 주먹을 불끈 쥐고 교단을 왔다 갔다 하시는 모습이 이색적이다. 누가 그런 욕심 안 가져본 사람 어디 있겠는가! 그러나 그게 말처럼 쉬운 일이 아니다. 먼저 자기가 처한 환경이 뒷받침이 되어 주어야하고 돈만 있으면 바라는 것 80%는 이루어지는 게 인생살이라고 나는 생각한다.

남자는 직장에서 힘들고 아이들은 학교에서 힘들고 엄마들은 자녀 교육비며 시집식구들과의 관계에서 힘들고 노인들은 홀로 외롭고 건강이 따라 주지 않아 힘든 것이 우리나라 현실이다. 거기다가 노후 생활비마저 없으면, 이는 살아도 사는 것이 아니다. 우리가 처해 있는 환경이 달라지지 않으면 우리는 늘 고단한 삶을 살아갈 수밖에 없다.

가장 중요한 것은 바로 지금이다. 세상을 향해 갓 태어난 아이를 놓고 교육비 걱정해야 하고 걷지도 못 하는 아이에게 이것저것 가르치기 시작하면, 1등을 향해 쉴 사이 없이 학원으로 학교로 30세가 다되도록 정신없이 뱅글뱅글 돌아야 한다. 그렇다고 모두가 일등이 될 수는 없는 일이다. 그러다가 20년을 배우고도 제 밥그릇 하나 챙기지 못하는 것이 우리의 현실이다.

얼마 전만 해도 의대를 나오거나 사법고시에 합격만 하면 팔자가 핀 사람으로 알았는데 지금은 형편이 달라졌다. 의대를 나오고 사법고시 합격을 하고도 환경을 만들어주지 못해 형편이 어려워 살아가기 힘든 사람도 많다고 한다.

직장을 잡고도 바쁘고 힘들어 결혼을 포기하는 젊은 남녀들을 보면서 부모들도 지쳐 있다. 우리의 교육방침이 달라지지 않는 한 젊은이들과 어머니들의 고통은 계속될 것이다.

우리가 어렸을 때는 먹고 입을 것이 없어 그것을 해결하는 것이 가장 큰 걱정이었다. 그것을 해결하기위해서 남편은 검은 장화를 신고 자전거를 끌고 직장에 나가 가난에서 벗어나기 위해 논두렁 밭두렁 밟으며 밭에선 보리이삭, 논에선 아직 설익은 벼이삭을 잘라 가지고 별을 보고 돌아왔다. 벼 한 이삭에 벼 알이 몇 개나 붙어 있는지 헤아리라 해놓고는 피곤한 몸을 이기지 못해 코피를 흘리는 모습을 보면서 안쓰러워했던 적이 있다.

헤아린 벼이삭을 직장에 가지고 가서 직원들하고 연구를 하는 노력 끝에 우리의 의식주는 풍족해졌고 쌀이 넘쳐나 지금은 소비를 다하지 못해 농민들이 벼 포대를 거리에다 내놓고 데모를 하는 나라가 되었다. 그렇다고 지구촌 어디에서나 쌀이 남아도는 것이 아니다. 소말리아에서는 굶어서 뼈만 앙상한 아이들이 초점 잃은 커다란 까막눈을 굴리고 있는 모습을 생각하면 가슴이 저려온다.

이제 가난에서 벗어나 잘살고 있는 우리나라가 앞만 보고 뛰기만 하지 말고 한번쯤 뒤돌아보고 여유를 가지고 혹 나로 인해 남들이 힘들어 하지나 않는가 생각하면서 서로를 위하고 나누는 삶을 살아가야 되지 않겠나 싶다.

우리의 2세들에게도 그런 교육을 해야 할 것이다.

# 명절문화가 바뀌어야 한다

한해 한 번씩 돌아오는 설이지만 어린 시절엔 한 달 전부터 손꼽아 기다렸다. 엄마가 손수 만드신 분홍 치마 연두 저고리 명주옷을 입고 거리로 나가 친구들에게 자랑하는 것도 즐겁지만 지금처럼 먹고 싶을 때 먹을 수 있는 과일이나 쌀밥이 흔한 때가 아니라 밤 대추 곶감을 맛볼 수 있는 설날이 한없이 즐겁기만 했다.

요즘 아이들에겐 먹을 것 입을 것이 지천이고 입만 열면 부모들이 다 들어주다 보니 명절을 기다리는 아이도 어른도 없다. 오히려 명절이 오는 것을 싫어하고 명절 후유증을 앓고 있다. 그 시절엔 차가 없어 명절이 돌아와도 부모님 생신날에도 한집에 한 두 사람 정도만 모여 차례를 지내거나 생일을 같이 보낼 수 있었지만 지금은 집집마다 승용차가 있어 식구대로 다 오기 때문에 친척 모두를 만나 볼 수 있다.

아이들은 형제도 별로 없고 학교로 학원으로 다니기 바빠 명절이나 생일에 모이는 것을 즐거워하지 않고 스트레스로 생각한다. 명절에 서울서 부산까지 가려면 빨라도 5시간에서 8시간까지 가야만 하니 차에다 하루 먹을 것은 물론이고 간이화장실도 만들어 놓아야 하니 고통이 말이 아니다. 옛날에는 그렇게 무작정 기다려지던 설이 지금은 한 달 전부터 고민이고 스트레스로 다가온다.

가장 큰 문제는 경제적인 문제다. IMF다, 실직이다, 계약직이다 해서 수입은 줄고 물가는 날로 뛰어오르고 제사 준비하랴 어른들 용돈 챙기랴 자녀들 세배돈 준비하랴 아이들 과외비 때문에 고통받는 젊은이들에겐 심적 부담이 너무 커서 명절이 즐거울 수만은 없다.

어떻게 하면 명절에나 제사 때 시댁에 가지 않을까 생각하는 젊은이도 있다고 한다. 명절 2~3주 앞두고는 언제나 물가가 몇% 씩 오르기 마련이다. 올해는 봄에 늦추위가 있어서인지 과일이 흉작이 들어 과일 값이 30%이상 오른 것 같아 평상시 마음 놓고 먹던 과일도 쥐었다 놓았다 하다 그냥 나오는 사람도 많다.

설 준비를 하려고 재래시장에 들렀더니 김천은 교통이 편해서인지 상주 예천 대구에서 올라온 상인들이 태반이다.

10년 전 같으면 이 거리가 빠져나가기 힘들 정도로 제사 장보러 나온 사람들로 복잡하고 소매치기도 많고 상인들은 돈 챙기기가 바빠 입가엔 웃음이 가득하고 시끌벅적했는데 지금은 상황이 너무 다르다. 장보러 나온 숫자보다 상인들 숫자가 더 많고 모두들 마트에 차를 대놓고 장을 보아간다. 마트가 주차하기도 편하고 모든 것이 한곳에 모여 있어 편하니까 재래시장을 오고가는 사람은 한 푼이라도 깎으려는 어르신들뿐이다.

정부에서는 재래시장 살리기를 한다며 적지않은 돈을 들여 시설을 바꾸고 주차장 시설까지 해 주었지만 시민들의 호응을 얻지 못했다. 이유는 없는 물건이 많고 핵가족 수에 맞게 해놓지 않았기 때문이다. 나 역시 그 거리를 빠져나와 하나로마트에 가니 불편 없이 장을 볼 수가 있었다.

에스컬레이터를 타고 내려다보니 젊은 여성들이 카트기 넘치도록 장을 보아간다. 물론 집에서 품목을 머리에 담고 나왔겠지만 젊은이들은 이것과 저것의 가격 차를 비교하는 것 같지는 않았다. 빠른 속도로 용품을 주워 담아 카트를 가득 채운다. 그런가 하면 연세가 든 어르신들은 시장바구니를 들고 카트 사이를 빠져 다니며 가격비교, 품질 비교를 하며 물건을 손에 쥐었다 놓았다 한 바퀴 돌아 와서야 챙긴다. 시간이 소모되는 것은 개의치 않는다. 좋은 물건을 싸게 사는 것이 우선이다.

제사장이다 보니 시장바구니에 가득 채워들고 젊은이들 틈에 끼어 계산대 앞에 서서 기다리신다. 지갑에서 파란 지폐가 마트로 쏟아져 들어간다.

매점사원은 계산하느라 정신이 없다. 마트 여직원들이 소변을 참기 때문에 오줌소태에 잘 걸린다고 한다. 자리를 비우지 못하는 사원들은 소변을 참아내느라 가장 큰 고역이라고 한다. 그것 때문에 그 자리를 그만두는 사원도 많이 있다고 이야기를 들었다.

계산이 끝나고 젊은 사람들은 차를 타고 가버리고 연세가 든 어르신들은 버스 정류장으로 머리에 이거나 카트에 담긴 채로 끌고 가서 버스로 옮기거나 아니면 양손에 들고 집으로 걸어가신다. 3~4일 다듬고 장만해서 만들어 차례 상을 차리고 나면 차례를 올리는데는 30분도 채 걸리지 않는다.

차례를 지내고 나면 형제간에 말도 많고 몸살도 많다는 차례 상. 올해는 차례 후 음복을 한 여인이 술에 취해서 형제간에 말다툼을 하다가 분을 참지 못해서 투신자살을 하려고 물에 빠졌는데 119구조대에 의해 생명을 구하는 현장이 TV에 여러 번 방영되었다.

즐거워야 될 명절이 자살로 교통사고로 세상을 하직하는 일은 명절 때마다 흔히 볼 수 있는 일이다.

세상은 많은 변화를 가져와서 국제결혼이 허다하며 다문화가정이 농촌을 거의 차지하고 있는 가 하면, 직장을 잡지 못한 젊은이들이 결혼을 하지 못하고 독신으로 늙어가고, 결혼을 한다 해도 경제적 부담 때문에 자식을 갖지 않겠다는 젊은 부부가 늘어나며 딸 하나를 낳고도 아들을 가지지 않겠다는 젊은이들도 있다.

부모를 책임지지 않으려고 하는 핵가족들을 바라보면서 이제는 명절 문화도 옛날 형식에서 벗어나 현대인들에게 맞게 바꿔나가는 것이 바람직하지 않겠나 싶은 생각이 든다. 한 나라의 고유문화를 바꾼다는 것이 쉽지는 않겠지만 알게 모르게 바뀌고 있는 것을 본다. 제사를 한 번에 모아 지내는 집이 있는가 하면 명절제사만 지내는 가정도 늘어난다.

날로 늘어나는 노인 요양 병원에 가보면, 도우미들이 이야기가 아들 며느리는 어른들 생활비만 송금하고 찾아오지 않는 경우가 많고 딸 사위가 찾아오는 숫자가 늘고 있다고 한다. 요즘 어른들은 자식에게 큰 기대를 갖지 않고 할 말도 못하며 살아간다고 한다. 그렇지만 노후대책이 서있는 분들이 과반수도 못 미치는데 사회에서 어떤 대응책이 있어야만 할 것 같다.

젊은이들은 명절이 스트레스고 부담스럽다고 이야기하지만 나이든 어른들은 자식을 기다리는 마음에 즐겁고 하나라도 더 챙겨 보내고 싶어 기다리신다.

지금 요양원에서 지내시는 어른들은 부모에게 효도하고 자식들에게 효를 받지 못하는 말초세대(마지막 효도를 하고 처음으로 효도를 받지 못하는 세대)라는 말을 쓴다. 맞는 말이다. 그분들이 그런 세대다. 효를 마지막으로 하고 효를 받지 못하는 초기의 불쌍한 사람들이 지금의 노인이다.

# 장끼를 닮은 사내

남편은 공직에 있다가 1997년 6월 퇴직하고 3년을 쉬다가, 놀기도 힘들다며 소일 거리를 찾아 다니더니 농협 자재창고에 출근을 한다. 매일 점심을 차려주지 않아도 되니 하루 일이 반으로 줄어든 것 같아 해방된 기분이다.

집안 일은 나 혼자서 할 때가 많다. 휴일, 어쩌다 그이와 함께 들에 나가 일을 하려고 계획을 세우면 그 날은 비가 내리든지 예식장에 가야 될 일이 생기기가 다반사다. 옛날 어른들이 일복이 많으니 없느니 하더니 남편은 일복이 없는지 언제나 집안일은 일복이 많은 내 차지가 된다.

오늘도 남편은 매무새를 다듬고 낭창거리며 예식장에 가기 위해 집을 나섰고, 나는 한낮에는 날씨가 너무 더울 것 같아 덥기 전에 일을 하려고 작업복으로 갈아 입고 밭으로 나선다.

이슬이 듬뿍 내려 풀잎이 발목을 스칠 적마다 옷깃을 적시지만 더위를 식혀주니 기분은 별로 나쁘지 않았다. 한낮에는 불꽃같은 태양이 정수리를 달구어 속이 울렁거릴 정도로 더워 요즈음은 일을 차일피일 미루기도 한다.

밭일을 하다 보면 먹이 찾아 밭으로 내려오는 화려한 장끼들이 쉽사리 눈에 띄는데 장끼는 나를 보고 놀라 소리를 지르며 풀밭으로 달아나 숨어버리고 장끼를 미쳐 보지 못한 나는 그 소리에 놀라서 "어머나!" 소리를 지르며 주저 앉는다.

한참을 풀을 뽑다 생각해 보니 들짐승들 중에서 장끼가 다섯 손가락 안에 들 정도로 잘 생긴 것 같다는 생각이 든다. 늘 사람의 눈을 피해가며 농부가 땀 흘려 열심히 가꾸어 놓은 곡식을 훔쳐 먹으려고 사람의 눈을 피해가며 살아가는 장끼들이다.

나는 아무리 일이 많이 쌓이고 바빠도 빼놓지 않고 보는 방송프로가 있다. KBS 아침마당 부부탐구 프로다. 아침밥을 짓다 말고 이 시간이 되면 모든 것 다 뒤로 미루고 재미있게 보다가 남편으로부터 경고 아닌 퉁을 먹을 때가 부지기수다.

부부탐구라는 프로에, 장끼를 닮은 꽃미남이 몰래 성욕을 채우다 아내에게 들켜서 이 프로에 끌려나왔다. 쌀밥을 앞에 놓고 남 모르게 조밥을 찾아 먹고 다니는 어리석은 남자가 아내에게 들켜 죄인 모습을 하고 앉아 있다.

정신 나간 사내에게 억울한 세월을 어떻게 보상해 달라고 세상에 공개를 하는 것인지…. 줄 것 안줄 것 다 주어버리고 보일 것 안 보일 것 가리지 못하고 임자 있는 여자, 없는 여자 가리지 못한 채 품에 안다가 한 여자의 심장을 장조림 하듯 졸여 놓는다. 가장의 의무와 위치도 모르는 사내를 앞에 놓고 흐르는 눈물을 주체할 길이 없어 말을 이어가지 못하는 여인이 시청자들로부터 동정표를 받는다.

부부란 깨끗이 헤어져 살지 않는 한 한쪽이 점수를 따고 다른 한쪽이 점수가 깎여도 언제나 부부 합은 같다. 한쪽이 칭찬을 받고 다른 쪽이 욕을 먹어도 부부의 합은 같을 수밖에 없다.

얼마나 속이 썩고 답답하면 저 자리까지 나왔을까만, 어디 저런 남자가 저 사람뿐이겠는가? 남의 눈이 두렵고 자신이 없어 혼자 감추고 속울음 쏟는 여자가 많을 것으로 본다. 두 번 사는 인생이 아닌데 오순도순 뜻 맞아 살면 오죽 좋으랴만 고장 난 수도꼭지처럼 눈물을 주르르 쏟아놓으며 말문이 막혀버린 여인, -잠기지 않는 고장난 수도꼭지 같은 삶을 살아온 여인에게 방청객들은 뜨거운 성원을 보내주는 시간이다.

그녀의 포도알처럼 맺힌 한을 50분 안에 풀어줄 사람이 어디 있다고 저럴까! 삶이란 하고 싶은 행동을 마음대로 다하고 먹고 싶은 것을 다 먹고 살아갈 수 있는 것이 아니다. 자연의 섭리에 따라 살지 않으면 반드시 하늘이 용서하지 않는다는 것을 스스로 깨우치고 장끼처럼 멋을 과시하지 말아야 하며 고장 난 수도꼭지처럼 물이 흐르지 않게 해야 사회 비난을 받지 않게 된다.

구세대들이니까 가슴 조이며 살았지 요즘 신세대라면 잘난 장끼는 산으로 쫓아버리고 고장 난 수도꼭지는 바로 교체해 버릴 것이다. 신세대의 외향적인 삶이 구세대들은 부럽기도 하지만 신세대들은 참고 기다리는 인내심이 부족해서 어딘지 모르게 위태롭기도 하다.

어느 덧 정오를 알리는 까치들이 배가 고픈지 자리를 비워 달라는 듯 방어 태세를 하고 요란스럽게 울어댄다. 일손을 툴툴 털고 오던 길로 한발 한발 내려오는데 태양을 많이 받아서인지 현기증이 난다.

# 나눔의 집 사람들

나눔의 집은 치매와 중풍을 앓고 있는 70~80대 할머니 할아버지들이 거주하는 쉼터이다. 젊은이들이 하루 종일 중풍이나 치매를 앓고 있는 어른들을 지켜보기가 힘들고 직장에 나가는 사람들은 집을 비우기 힘들어 낮에만 시설에 맡겨 놓는다. 나는 시간이 있으면 수시로 나눔의 집 어르신들을 돌보고 챙겨드린다.

어르신들은 심하지는 않아도 정신 상태가 좋지 않다. 치매나 중풍을 눈여겨 보면 정신없는 와중에도 젊어서 어려웠던 일, 한으로 남아있던 일, 즐거웠던 추억들이 문득문득 떠오르는 것 같다. 나쁜 일이면 그 순간 괴로워하며 말문을 닫아버리고, 즐거운 일이면 얼굴에 화색이 돌고 기분이 좋아 덩실덩실 춤을 춘다. 묻는 말에도 대답을 잘 안하시던 입에서 이야기가 거미줄처럼 술술 풀려 나온다.

어른들은 늘 불안해 하는 것이 공통점이며 정신이 있든 없든, 집에 가겠다고 문 앞에서 설치며 식구들이 행여나 나를 버리면 어쩌나 하는 불안한 생각을 늘 갖고 살아가신다. 무엇보다 신체 접촉을 좋아하신다. 외롭고 허전해서 그런지도 모른다. 감싸 안아주고, 손잡아주고, 혼자 용변을 못 하시면 화장실에 모시고 가서 용변을 보는 동안 손 잡아주고 얼굴을 만져주면 그렇게 좋아하신다.

평소에 욕심이 많으신 어른신은 먹을 것이 있으면 상 밑에 숨겨가면서라도 혼자 잡수시려고 하신다. 평소에 착하신 어르신은 나보다 남을 먼저 생각하고 챙겨 주시기도 한다. 같은 치매를 앓고 있지만 생각은 하늘과 땅 차이이다.

오늘은 아래층 정신과병원 원장님 생일이라 노인들 잡수시라고 케이크를 가져오셨다. 간식시간이라 나누어 드렸더니 모두가 맛있게 먹고 있는데 거울을 등지고 앉아 드시려던 어머님이 벌떡 일어나 거울을 바라보고 손을 흔들면서 “이리 와요. 같이 잡수셔요. 어서 이리 오셔요.” 하고 한참이나 손을 흔들며 다급한 기색이다.

“어머님, 무엇해요?”

“선생님 저기 저 사람이 아무리 이리와 같이 먹자고 해도 손만 흔들고 오지를 않아요.”

할머니는 거울에 비친 자기 모습을 보고 오라고 손을 흔들었던 것이다. 울어야 할 일인지 웃어야 할 일인지 거울에 비친 자기 모습도 모르면서 살아간다는 것이 얼마나 슬픈 일인지!

평소에 정이 많아 늘 남을 먼저 생각하고 먹을 것이 있으면 양보하는 어르신이다. 케이크를 자시고 있던 어르신들은 자기 허물은 잊은 채 입에 넣은 케이크가 튀어나오도록 한바탕 웃어넘긴다.

하루는 집에 모셔다 드리려는데 차에서 내리지 않고 무엇인가를 찾고 계셨다. 선생님 떡을 좀 줘야 한다며 떡을 찾다가 곁에 있던 며느리가 헛소리 그만하고 내리라고 호통을 치니 시무룩해지는 어르신 모습이 아직도 잊어지지 않는다.

나눔의 집 식구들은 늘 이렇게 울고 웃는다. 어르신들이 잘 모르고 살아가는 것이 있다. 화투를 치면 치매가 안 걸린다고 하는데 젊어서 화투라면 모든 일 팽개치고 놀음판으로 달려가던 어머님도 치매로 이곳 신세를 지는데, 신고 있는 신도 이게 얼마인데, 옷도 이게 얼마인데 하면서 늘 값으로 계산하신다. 신고 있던 실내화를, 이것을 팔면 손해 본다며 늘 끌어안고 땅에 놓지 않고 계신다.

내 것 남의 것을 구별 못하고 이게 얼마인데 하시면서 가져가려고 가방에 챙기신다. 화투가 노인들 치매에 좋다고 권하는 사람도 있지만 화투가 노인들 관절에 얼마나 해로운지는 상식적으로 아셔야 한다.

내 생각엔 화투 치는 시간에 운동을 하든지 아니면 걷기라도 하는 것이 건강에 좋을 것 같다.

# 2부

# 여자의 질투

내가 할 수 있는 일이 무엇인가 하고 찾아 나선 것이 노인 요양원 봉사였다.

이곳에는 나를 포함해서 여자가 세 명 있다.

젊은 봉사자와 간호사 나 세 사람이 개인 사업체가 이끌어가는 낮 병동 노인 요양원에서 일을 하고 있었다. 세 사람이 하는 일은 각기 다르다. 젊은 봉사자는 오락 프로그램과 건강 체조를 담당하고 간호사는 혈압, 당뇨, 수지침을 놓아주는 일을 하고, 나는 할머니들의 거동을 도와주고 아침에 오시는 길과 오후에 귀가길을 돌봐드린다.

우리들의 도움을 받으면서 낮 동안 한곳에서 생활하는 어르신들은 수시로 토라지고 서로 지지 않으려고 아무것도 아닌 일을 가지고 서로 싸우다가 지난 날의 이야기도 하고 지난 삶을 행동으로 드러내기도 한다. 몸을 마음대로 움직이지 못하니 늘 불안해하고 자신의 편이 없다는 생각에 늘 외로워하며 눈치를 많이 보고 믿지 못해 하는 마음이 보인다. 마음을 편히 갖도록 우리들은 어르신들을 온 심혈을 기울여 보살펴주고 건강에도 힘을 쓴다.

젊은 봉사자는 정이 많고 재주도 많으며 눈물도 많고 예쁘다. 간호사는 차분한 성격이어서 항상 조용하고 실수가 없다. 우리들은 많은 일에 정성을 다해 어른들로부터 믿음을 갖게 한다. 그러던 어느 날 한 어른이 미처 말을 못하고 입고 있던 옷에다 용변을 봤다.

나는 겁을 잔뜩 먹고 간호사의 눈치만 보는데 간호사는 양팔을 야무지게 걷어붙이더니 어르신의 옷을 벗기고 따뜻한 물로 엉덩이를 씻어주면서도 오히려 어른이 미안해 할까 봐 "어르신 누구나 실수는 할 수 있으니 미안해하시지 말아요." 하고 위로까지 한다. 간호사는 나에게도 어르신 아프지 않게 잘 붙잡으라며 하체를 말끔히 씻겼다. 옷을 갈아 입혀야 하는데 갈아입힐 옷이 없다. 할머니가 감기라도 들까 봐 이불로 온 몸을 감싸 놓고 가족에게 연락을 해서 어머님 옷을 가져오라고 했다. 며느님이 서둘러 할머니 옷을 가져왔다. 미안한지 딸기 한 상자도 같이 들고 왔다. 나와 간호사는 어르신 옷을 갈아입히고 뒤처리를 깔끔히 해놓고 한숨 돌리고 같이 웃었다.

간호사는 어릴 적에 어머니가 돌아가셔서 할머니와 같이 살았는데 할머니께서 중풍으로 알아 눕자 그 수발을 든 경험이 있다고 했다. 그래서인지 어려운 일에도 책임과 정성을 다한다. 무엇이고 닥치는 대로 척척 잘하는 줄은 알고 있었지만 이런 힘든 일까지 얼굴 찡그리는 일 없이 훌륭히 해치우는 것을 보고 속으로 정말 이곳에서 일할 자격이 충분하다고 느껴졌다.

이렇게 잘 할 때는 같이 일하는 사람들이 서로 칭찬을 하고 위로도 하며 어려울 땐 같이 보듬어 주는 습관이 몸에 배어 있어야 한다. 간호사에게 나도 모르게 정말 수고했다며 칭찬을 해주자 옆에서 보고만 있던 봉사자가 나를 향해 대뜸,

"왜 내 앞에서 간호사를 칭찬하는 거요?"

하고 쥐어박듯 대들었다. 순간 나는 당황했다. 남을 칭찬하는데 화를 내는 사람을 평생 처음 보았기 때문이다. 그 마음을 이해할 수도 없거니와 어떤 마음으로 내가 다가가야 할지 황당하다는 생각이 들었다. 어이가 없어서 슬그머니 어른들 곁으로 와 앉아 있었다. 한숨 돌리고 TV채널을 돌려 연속극을 어른들에게 보여주려고 하는데 봉사자의 소리가 옆에서 들렸다. 고개를 돌리니 찻잔을

받쳐 들고 옆에 와 서있다.

"우리 차 한 잔 할까요?"

순간 좋지 않은 예감이 들어 대답 대신 한번 쳐다보고 시선을 다른 곳으로 돌리고 그의 뒤를 따라 등받이 없는 의자에 둘이서 마주보며 찻잔을 잡고 앉아서 그 입에서 무슨 말이 나오나 눈치만 보고 있었다. 나 같으면 칭찬을 해야 할 텐데 칭찬을 할 상황은 아니고 무슨 말을 할 것인지 궁금했다.

봉사자는 평상시 간호사를 경쟁 상대로 알고 일을 하고 있었다. 그런 생각을 갖고 있는 봉사자의 마음을 잘 알고 있는 나는 늘 마음이 불안했었다. 칭찬하는 말에 꼬투리를 잡고 나서는 봉사자가 나는 싫었다. 내가 생각하기에 봉사자는 예쁘고 현명하고 유머가 있다. 깜찍하게 생겼다고 늘 생각하며 같은 여성으로서 부러워한 적도 많고, 여기 있는 할머니들에게도 칭찬을 많이 받고 일을 한다. 그러나 그의 태도에서는 믿음이 보이지는 않았다. 공동체에서는 믿음이 우선되어야 한다. 결론적으로 보면 욕심이 지나친 것이 흠이구나 하는 생각이 든다.

오늘 내가 간호사에게 한 칭찬이 싫어 격분하고 눈물까지 쏟아내는 봉사자는 오히려 같이 칭찬을 했어야 할 사람이란 생각에 나도 한심한 생각이 들어 눈물을 쏟아놓고야 말았다. 나는 봉사자에게 눈물을 보이는 것이 싫어서 밖으로 나왔는데 흥분한 마음을 가라앉힐 수가 없어 화장실로 들어가 수돗물을 틀어놓고 마음이 진정 될 때까지 울었다. 나이 든 사람이 젊은 사람에게 차마 상처 주기 싫어 말을 참다가 흘린 눈물이었다.

그 후 봉사자, 간호사와 나 세 사람의 사이는 서로 말을 아끼고 눈치를 보며 각각 행동을 조심하는 등 전 같지 않아 아무리 부드럽게 지내려고 애쓰지만 보면 볼수록 불에 탄 냄비처럼 얼룩이 보였다.

불에 탄 냄비는 여러 번 닦아내야 전처럼 빛이 난다. 우리 세 사람 사이도 머리가 아닌 가슴으로 이해하며 갈고 닦은 후 어느 정도 세월이 흘러가야 전처럼 아름다운 마음으로 서로 칭찬도 하고 웃으며 일할 수 있을 것이라는 생각이 든다.

정신이 온전하지 못한 노인을 돌본다는 것이 쉬운 일이 아니라는 것은 알고 시작한 일이지만 하루 낮을 어른들과 생활하고 5시가 되어서 집까지 모셔다 드리고 집에 오면 내 나이가 있어서 그런지 무척 피곤하다. 집안일은 할 틈도 없지만 하기 싫어서 미루게 된다.

# 아버지의 취미

아버지는 늘 우리들에게 엄하기만 한 분이었다. 당당하고 큰소리 잘 치고 남의 아픔을 대신 아파하던 아버지가 어느 날, 마음이 약해지셨는지,

"내가 너희들에게 엄하게 한 것은 사랑이 없어서가 아니다. 너희들이 이 다음에 내 나이 쯤 되고 철들면 내 생각이 어떤 것인지 알게 될 것이다. 내가 모질게 했기 때문에 너희들이 이만큼 잘 살고 있는 것을 알게 될 거다."

하셨다.

이제 아버지는 추억 속의 아버지일 뿐 돌아가신 지 오래다. 아버지 말씀대로 철들고 나서 생각해 보니 아버지는 솜사탕 같이 부드럽고 이해심 많은 분이었는데 어릴 적에 우리 형제들은 아버지를 엄하고 무섭게만 생각했다. 아버지에게 매 맞고 꾸중을 많이 들어왔기 때문에 지금은 무엇을 해도 자신감이 생겨 두려울 것이 없는 것 같다는 생각이 든다.

아버지 상을 머릿속에 떠올리면 동구 밖에 길목을 지키는 팽나무가 생각난다. 팽나무는 마을을 지키고, 옆에 세워 놓은 큰 돌은 팽나무를 지키며 수십 년째 서있다. '여기는 두릉리입니다. 어서 오십시오' 돌에 새겨진 글귀가 비바람에 시달리고 사람들 손때가 묻었지만 희미하게나마 세월을 이겨내고 있었다. 오일 장날이면 우리 형제들이 아버지를 기다리던 곳이다. 팽나무의 모습은 40년을 지나간 오늘에도 일곱 살 호기심 많던 계집아이 마음속에 그려진 그 모습 그대로이었다.

남들은 살기 힘들어 한 푼이라도 아끼려 하지만 아버지의 쌈지(지갑) 속에는 장날 주막집 막걸리 값은 언제고 깊숙이 숨어있었다. 장날이면 늘 술에 취한 아버지가 흰 두루마기에 갓을 쓰고 긴 담뱃대를 등 뒤로 잡고 능수버들처럼 흔들며 갈지자로 팽나무 까지 오시면 우리 형제들은 긴장을 늦추지 않았다. 오빠와 나는 닿지도 않는 아버지 팔에 매달려 아버지의 흔들리는 몸을 고정시켜 드리느라 진땀을 쏟는다. 그러다 보면 추위도 달아나고 온몸이 땀에 젖었다.

아버지가 장에 가시는 것은 볼일이 있어서가 아니다. 지금의 취미생활과 같은 것이다. 아버지에겐 매우 중요한 일이다. 어느 날 장에 가신 오후 함박눈은 하늘을 바라볼 수 없을 정도로 퍼부었고 아버지가 오시는 길은 길인지 논두렁인지 모두가 평지를 이루어 광목을 펼쳐놓은 듯 했다. 오빠가 국민학교 5학년 나는 입학도 하지 않았는데 눈이 아무리 많이 와도 우리는 팽나무까지 아버지 마중을 가야했다. 그날은 눈이 계속 오니까 어머니는 우리를 마중 가지 말라 하시고 문만 열었다 닫았다, 속을 태우며 아버지를 기다렸다. 이윽고 아버지가 어떻게 오셨는지 거나하게 술에 취하셔서 문 열라고 고함을 지르셨다. 어머니는 불만을 속으로만 삭이지 겉으로는 내색을 못하시는 분이셨다.

아버지는 어디에서 꺾으셨는지 뽕나무 회초리를 셀 수 없을 정도로 꺾어 가지고 겨드랑이에 끼고 오셔서 오빠를 불러 놓고 눈이 쌓이고 아버지가 오지 않았는데 어떻게 집안에 편히 앉아 있을 수 있느냐며 종아리를 걷어 올려라 하시더니 오빠의 종아리가 피멍이 들도록 때리셨다. 오빠가, "아버지 잘못 했어요, 다시는 그렇게 하지 않을게요" 하며 손이 발이 되도록 빌어도 매를 놓지 않으셨다.

회초리는 부러지지 않았다. 보고 있는 나는 도망을 가고 싶었지만 눈 때문에 갈 수도 없고 그러는 사이에 아버지의 매는 끝이 났다. 맞은 자리는 지렁이가 파헤친 흙처럼 검게 부풀어 올랐다.

아버지는 밖에 쌓인 눈을 오빠에게 다 치우라고 하셨다. 오빠는 울면서 눈을 치우는데 얼마가 지나자 안쓰러운지 눈 쓰는 것을 그만두라고 하셨다. 아버지는 늘 우리에게 그렇게 엄하셨지만 그렇다고 우리들은 아버지를 미워하거나 싫어하지 않았다. 남들 아버지도 그렇게 하고 사는 줄로만 알았다.

그 후 오빠와 나는 오일 장날이면 비가 오나 눈이 오나 추우면 몸을 팽나무에 의지하고 달팽이처럼 목을 밀어내고 장터 쪽을 바라보며 아버지가 오실 때를 기다렸다.

그렇게 세월은 흘러 어둠 속에서 오빠와 나를 지켜주던 팽나무는 도로 확장 때 무참히 잘려나가고 세월을 이기지 못하는 아버지는 몸이 약해져서 좋아하시던 약주를 멀리하고 정신도 약해졌는지 너희들에게 재산을 물려주지 못하고 이렇게 기반 잡아 잘 사는 것을 보니 이제 난 삶을 마감해도 여한이 없다 하셨다.

너희들에게 모질게 한 것은 미워서가 아니고 돈도 없고 남들처럼 교육도 제대로 시키지 못하고 자라는 너희들이 정신 상태라도 바르게 커야지 험한 세상 살자면 고통을 참을 수 있을 것 같아서였다고 하시는 그 눈빛에는 못 다한 말이 남아있는 듯했다. 그 후 아버지는 우리들을 혼내준 적이 없었다.

# 성공리에 마친 87회 김천 전국체전

종합운동장으로 향하는 도로에는 온통 꽃과 소나무 조각을 둘러싼 이색적인 가로등이 지나는 관람객들의 시선을 차창 밖으로 이끌어낸다. 화창한 가을 날씨에 누렇게 고개 숙인 벼들이 가을의 정취를 더한다.

전국체전 때문에 김천시 어디에서나 단장하는 손길이 1년 내내 분주하더니 전국에서 모여든 선수와 방문객들의 칭찬이 자자하다. 이벤트 안내소를 찾는 손님들은 "정말 김천이 이렇게 달라졌다니!" 하며 놀란다.

기술센터 홍보관에서 찰떡 치는 소리에 우르르 모여드는 관람

객, 도자기를 빚는 도공의 손길을 신기한 듯 바라보며 받아든 도공의 선물, 늘씬한 미녀가 무료로 찍어준 즉석 사진을 바라보며 흐뭇해 하시는 할아버지, 전국의 고품질 쌀을 한곳에 모아놓고 선물로 주는 홍보관 앞에 늘어선 행렬이 마치 옛날 밤새워 열차표를 사던 추억을 떠올리게 한다.

경북 각처에서 몰려든 특산물 코너에서는 시식회가 벌어지고 그 주변을 둘러싼, 전국에서 몰려온 홍보관에서는 선물을 나누어 주고 있어 관람객들은 여러 가지 맛을 보고 선물을 받아들고 이벤트장을 빠져나간다. 지나는 길목마다 기술센터에서 심어놓은 국화향이 그윽하고, 국화길 옆에는 어린 아이부터 어른까지 기념사진 찍기에 바쁘다.

전국에서 제일간다는 수영장에선 키가 180cm나 넘는 선수들이 저마다 기량을 펼치기 바쁘고 운동장 들어오는 입구 예술회관에는 대한체육회가 그대로 옮겨 놓은 박물관 전시품이 눈길을 끈다. 이층에 올라가니 권숙월 선생님과 문태준 선생님의 시가 한눈에 들어온다. 전국체전이 아니고서야 어찌 김천 소도시에서 이렇게 값지고 진기한 물품들을 만날 수 있겠는가?

초창기 농구선수의 사진을 보니 치마저고리를 입고 공을 넣는 모습도 낯설다. 전국체전은 1920년 7월13일 시작되었다는데 그때 성화로는 마치 장작을 때던 시절 국민학교 교실에 놓인 난로를 보는 것 같았다 .

경기며 이벤트가 한참 무르익어가는 22일 일요일, 김천 전국체전을 축복이라도 하듯 3개월 넘게 기다리던 단비를 하느님께서 선물로 내리셨다. 내일은 폐막식 "하느님 제발 오늘만 내리고 내일은 맑은 하늘을 보여 주셔요." 하느님은 마지막 23일 폐막식을 성대히 치를 수 있도록 도와주셨다.

안내소에서 7일간 열심히 봉사를 하고 경기는 마침내 막을 내렸다. 우리가 폐막식을 치르기 위해 6시에 종합운동장 동문을 들어서자 비가 올 것 같아 미리 나누어준 비옷을 입고 있는 시민의 모습이 이색적이고 뿌려지는 꽃가루는 조명을 받아 마치 하늘의 별들이 모조리 운동장으로 몰려와 천사들과 춤을 추는 듯한 분위기였다.

사회를 맡은 KBS 아나운서가 "이번 체전에서 꽃이라 불리는 봉사단들이 입장을 하고 있습니다." 하고 소개하자 함성이 들리고 우리는 일제히 모자를 벗어 흔들며 답례했다.

도지사께서도 "이번 김천 체전을 성공적으로 마칠 수 있었던 것은 봉사자의 힘이 컸다."며 칭찬을 아끼지 않으셨다. 이번 체전에 참여한 임원이 5,819명이고 선수가 17,500명 여기다 관람객을 합하면 줄잡아 50,000명이 넘는 인원이 체전에 참여했다. 아무 사고 없이 행사를 치른 것은 이것이 모두 박팔용 전 시장님을 비롯한 박 보생 시장님과 시청 직원들의 피땀 어린 노력의 결과라고 말하고 싶다.

전국에서 제일이라는 도시 환경, 문화예술회관, 실내 수영장, 시립 도서관, 장애인 복지회관, 직지 문화공원 등, 손꼽아보니 전국 제일이라는 것이 내가 살고 있는 김천 소도시에 6개나 된다. 정말 메달감이다. 자랑스럽다. 다시 한 번 전국체전에서 열의를 다한 모든 분께 감사드리고 싶고 전국체전에 다녀가신 모든 분들께도 고마운 마음 전하고 싶다.

# 죽음의 공포에서 벗어나고 싶다

하늘과 땅이 맞닿을 것 같이 무겁고 짙은 안개가 어깨 위로 내려앉는 아침이다. 한낮이 오면 안개는 걷히고 더 맑은 하늘을 보여줄 것이다. 서둘러 집안정리를 하고 연장을 챙겨들고 밭으로 간다.

산비탈 양지바른 언덕엔 겨울이 지난 것을 알기라도 하는지 진달래가 사춘기 소녀의 젖가슴처럼 망울져 있고 양지바른 곳에서는 가랑잎을 헤치고 양지꽃이 몸을 풀고 봄을 알리며 피어오른다.

잡초는 거름을 주지 않아도 발에 밟혀도 어찌나 잘 자라는지 쇠뜨기는 밭을 매고 돌아서면 살며시 고개를 내밀면서 아까 수건 쓴 아주머니 어디 갔냐고 묻는다는 말이 있을 정도로 금방 올라온다.

호미로 밭이랑에 풀을 뽑으려는데 온몸을 털로 감싼 화려한 애벌레 한 마리가 시선을 사로잡는다. 아무리 화려한 애벌레라도 만나면 피하고 싶고 징그럽다. 겨울과 맞서 싸운 망초대가 파랗게 밭이랑을 덮었는가 하면 힘겹게 겨울을 이겨낸 냉이가 너무 많아 밭을 매기가 힘이 든다. 애벌레는 제멋대로 가고 있는데도 마치 나를 향해 가까이 기어오고 있는 것 같아 온몸에 소름이 돋는다.

저렇게 징그러운 애벌레가 아름다운 나비로 바뀐다는 것이 이해가 되지 않지만 사실이다. 손으로는 밭을 매면서 머리로는 나도 늙어 숨을 거두게 되면 딴 세상으로 간다고 하는데 그때의 내 모습은 어떤 모습일까, 궁금해진다.

애벌레는 아름다운 나비로 환생하는 동안 인간이 알지 못하는 뼈를 깎는 고통을 겪지 않았을까? 지금은 사람들이 싫어하고 징그럽다고 달아나는 애벌레지만 멀지 않아 화려한 날개를 달고 꽃을 찾아다니는 나비가 되면 나비 없는 꽃보다 나비와 꽃이 어우러진 모습을 사람들은 더 좋아할 것이다. 애벌레가 나비로 변신하는 것처럼 인간에게도 저 세상이 있다면 사람보다 더 아름답고 화려한 모습으로 공중을 날아다니는 영혼으로 거듭날 것이라는 믿음을 나는 언제부턴가 갖고 살아가게 되었다. 벌레는 사람들에게 혐오감을 주지만 나비는 열 번을 봐도 보고 싶고 아름답다.

죽음을 두렵고 무서워하지 않는 사람은 없을 것이다. 누구나 내

세를 궁금해 하며 죽음을 두려워한다. 죽음이라는 고통스러운 터널을 빠져나가면 인간과는 다른 영혼이란 이름으로 사람이 보지 못했던 것을 볼 수 있고 알지 못했던 것을 알 수 있을 것이라는 생각이 문득문득 든다.

사람들은 죽은 조상들에게 잘 못하면 벌을 받아 집안이 잘 피어나가지 않는다고 믿기도 하지만 나는 믿지 않는다. 죽은 후 무엇인가 남아 있다면 인간과는 다른 모습으로 상관없는 세계에서 한 생명을 유지하고 있을 것으로 믿는다. 이것은 내 생각이고 내 상상일 뿐이다.

늙고 병들면 죽는다고 느끼는 순간부터 두렵고 무서워 공포에 떠는 것은 나쁜 일 하면서 살다가 죽으면 죄 값을 치른다는 막연한 공포감 때문일 것이다. 죽으면 천국에 가고 하느님을 만난다는 종교인들까지도 죽음을 두려워한다. 그것은 누구나 죄 없는 사람이 없고 영혼의 세계에 대한 확신이 서지 않기 때문이다.

죽는 과정에서 통증이 고통스럽지, 숨을 거두게 되면 벌레의 굴레를 벗어버린 나비나 잠자리, 매미들처럼 훨씬 아름다운 모습으로 지금처럼 일을 하지 않고 고통스럽지 않고 먹을 것 입을 것에 대한 걱정도 없을 것이고 돈을 벌어야 살 수 있다는 강박관념도 벗어날 것이며 지금의 내 모습보다는 훨씬 아름다운 모습으로 살아갈 것이라고 생각하면 왜 죽음이 두렵겠는가?

사람들은 막연히 자기의 삶이 고통스러워지거나 잘 풀리지 않을 때 조상 탓을 하게 된다. 나비가 자신의 애벌레를 해치거나 돕지 못하는 것처럼 인간도 조상들이 살아있는 가족을 해치거나 도와주는 일은 없을 것이라는 생각을 해본다.

밭을 매며 미지의 세계를 헤매다 보니 밭일은 끝이 나고 시계는 정오를 가리키고 있다. 노는 시간은 마디고 지루하고 힘들어도 일하는 시간은 언제 지나가는지 하루가 짧기만 하다.

# 소나무

혹독한 추위가 계속되는 요즈음 벌거벗은 참나무가 소나무를 바라보며 부러워하는 것 같다는 생각이 든다. 소나무는 겨울이 되어도 입을 옷이 있어 벗지 않는데 나는 왜 겨울만 오면 옷을 벗고 서서 이렇게 떨어야 되는지 원망을 하고 싶어도 어디 대고 원망할 데가 없는 게 참나무인 것 같다. 모든 삶이 그렇다. 남들은 행복한데 자기만 불행한 것 같은 생각을 하게 된다.

소나무라고 왜 고통이 없겠는가? 하늘에서 쏟아지는 눈비와 싸워야 되는 파란만장한 세월 속에서 푸른빛과 꿋꿋함을 잃지 않기 위해 흰피톨 같은 송진이란 진액을 피를 흘리듯 흘려야 하는 소나무의 고통이 그렇게 부러워할 일만은 아닌 것 같다.

소나무와 함께 희로애락을 같이해 오던 우리 선조들은 먹을 것이 없어 굶주림에 떨고 있을 때 소나무의 고통은 생각지 못하고 연약한 소나무의 속껍질을 벗겨서 끼니를 때워왔기 때문에 죽어가는 소나무가 많았다는 말을 어느 할아버지를 통해서 들었다. 소나무와 쑥을 먹으면 몸이 붓지 않았다고 했다. 먹을 것이 없어 그것이라도 먹지 않으면 뚱뚱 부어서 많은 사람들이 죽었다고 했다.

요즘은 눈이 많이 오지 않지만 내가 어렸을 적엔 눈이 사람 키만큼 쌓였다. 유년 시절 유난히도 추운 겨울 입을 것이 없어 겨울나무처럼 헐벗은 몸으로 떨고 있을 때 아버지께서 청솔나무를 베어다 불을 지펴 방을 따뜻하게 덥혀주셨다. 혹독한 추위를 소나무 덕에 견디어 낼 수 있었다.

우리 아버지 시절엔 집을 지을 때도 대청마루를 놓을 때도 재목으로 소나무를 써왔다. 소나무의 독특한 향내는 어떤 방향제도 그 향을 대신할 수 없을 만큼 좋았다. 전기도 촛불도 없던 시절 밤이면 관솔(송진)에 불을 붙여 밝혔다. 아버지는 새벽이면 여명이 가시지도 않았는데 소죽을 끓이러 나가고, 어머니는 베틀에 앉아 날줄과 씨줄을 한 올 한 올 엮어 베를 짰다. 일제의 앞잡이들이 그렇게 공들여 짠 베를 빼앗아 갔다고 했다.

소나무에 부스럼처럼 붙어있는 송진과 뿌리에 종양처럼 붙어있는 복령은 보약재로 쓰여 경제적으로 도움을 주고 병으로부터 몸을 지켜 주고 있다.

솔잎을 넣어 송엽주를 만들어 먹기도 했다. 헌병대가 나타나면 어머니는 놀라서 부들부들 떨다가 부엌으로 들어가셔서 아궁이 안에 술독을 밀어 넣고 앞에다 솔잎으로 불을 지펴 화를 면한 적이 있다고 했다. 어머니의 지혜에는 일본 헌병대도 속아 넘어가고 말았다.

송엽주는 아버지에게 없어서는 안 될 벗이었고, 우리 집을 찾아오는 손님들에게 약주로 대접하셨다. 추석이면 송화로 다식을 만들어 제사상에 올려놓고 지금은 솔잎 없는 송편을 만들지만 내가 어린 시절엔 송편 사이 사이에 솔잎을 넣어 만들었는데 솔향이 솔솔 베어나는 송편을 먹을 때 그 맛은 정말 꿀맛이었다.

소나무 밭에서 나는 송이버섯은 맛과 향이 좋아 식성이 까다롭다는 일본 사람들로부터 외화를 벌어들였다. 가격이 높아 생활이 어려운 농촌 사람들이 먹고 싶어도 먹지 않고 시장에 내다 돈과 바꾼다. 소나무가 글을 쓰는 사람들에게는 글을 쓸 수 있는 소재가 되고 그림을 그리는 사람들에게는 그림의 소재로도 쓰여 제사 때나 결혼식 때 소나무에 학이 앉아 있는 병풍을 펴고 폐백을 받기도 한다.

소나무가 무성하면 나라에 좋은 일이 생겨 잘 풀려나가고 소나무가 죽어 가면 나라에 어려움이 생긴다고 옛날 어른들은 말씀하셨다. 소나무의 거름으로는 막걸리를 주고 대나무의 거름으로는 소금을 준다는 말도 있다.

살아가면서 소나무와 대나무에게서 배운 절개와 도덕을 밑바탕으로 소나무처럼 무게 있고, 대나무처럼 곧은 삶을 지켜 나가고 싶다.

# 힘들었던 세월이 더 아름답다

온화한 햇빛이 마당 가득 내려앉고, 마당 한가운데 아름다운 천연 바위가 나이 1세기를 넘어가고 있는 한옥을 지키면서 우리 집을 찾아오는 손님을 기쁘게 하고 있다. 우리 집을 방문하는 사람들은 이 바위가 복바위라며 남이 가지지 못한 것을 가진 나를 부러워한다. 겨울에 세찬 북풍을 막아주고 우리 집을 지켜주는 세상에서 하나밖에 없는 바위다. 바위 틈새로 초롱꽃과 원추리의 어린 잎이 부드러운 연두빛을 띄고 빼곡하게 올라와 먼저 나온 목련꽃을 바라보며 서로의 존재를 확인한다.

보송보송한 털옷을 입고 있는 목련 꽃눈은 겨울 찬바람을 온몸에 받으며 제일 먼저 꽃을 피우려고 애쓰는 모습이다. 대다수 식물은 잎이 나오고 꽃이 피는데 목련은 순서를 지킬 새도 없이 먼저 몸을 풀기에 바쁘다.

해마다 제일 먼저 피어난 목련꽃은 애석하게도 기후변화에 적응을 못하고 맥없이 떨어진다. 다른 식물들이 잎과 합심해서 꽃을 피우는데 잎도 없이 꽃을 피울 수 있는 것은 대단한 힘이다. 연약한 꽃눈이 잎 없이 일찍 꽃을 피우려고 지난 가을부터 보송보송한 털에 쌓여 차디찬 눈비를 맞으면서 겨울을 이겨낼 때만 해도 자신감이 있었는데 올해도 서리를 맞고 아쉬움으로 끝이 났다.

모진 겨울을 이겨내는 목련의 꽃눈을 보면서 어린 시절 긴 겨울을 떨며 살았던 때를 떠올린다. 온 마을이 지지리도 가난했던 6·25사변 전 후, 입을 내복이 없어 겨울이 더 춥고 길게만 느껴졌다. 온 마을 여인들이 모여 밤잠을 자지 못하고 호롱불 밑에서 손수 실을 뽑아 만든 무명천으로 겨우 맨살만 숨기고 살았다. 아이들이 손발이 얼어서 손톱 발톱 다 빠지고 살갗이 터져 피가 흘러 아리던 기억을 지울 수 없다. 비타민 부족으로 양 입 가장자리가 찢어져 언제나 피가 흐르고 밥 먹기가 힘들어 울면 그때마다 어머니는 사람이 크니까 입도 커지느라 아프다고 말씀하셨다. 나도 그렇게 알고 어린 시절을 보냈다.

굶주림에 떨면서도 학창시절 1등자리를 놓치지 않으려고 밤을 새며 호롱불을 끄지 않고 공부를 하다가 아버지에게 들켜 꾸중을 듣던 일들, 책을 읽다 배가 고프면 밖에 나가 차가운 눈을 입에 넣고 졸음도 쫓고 허기도 달래던 밤, 지금 생각하면 그 모든 것들이 즐거운 추억이고 그 밤이 그렇게 아름다울 수가 없다. 배가 고파도 부모를 원망하거나 불만을 가져 본 적이 없는 아이들, 나 역시 한 번도 부모를 탓하거나 원망해 본 적이 없다. 모두가 가난했으니까 당연한 것으로만 알고 살았다. 나이 들면 추억을 먹고산다더니 요즈음 날씨가 춥고 눈이 쌓이는 것을 보니 옛날 생각이 주마 등처럼 떠오른다.

방학책을 살 수가 없어 친구의 숙제를 대신해 주고 방학책을 빌려와서 도화지로 노트를 만들어 처음부터 끝까지 베껴서 답을 달아 학교에 가져갔다. 선생님은 물론 교장선생님께서 아침조회 때 500명 학생들 앞에서 칭찬을 하고 모범상을 주시고 분유를 내가 가져갈 수 있을 만큼 퍼주셨다.

겨울에 외풍이 심한 우리 집을 찾아온 사람들은 추워서 어떻게 사느냐고 아파트로 이사 가기를 권하지만 그때마다 어릴 적을 생각하고 이 겨울 마당에서 내년 봄 준비를 하고 떨고 있는 목련을 바라보면서 지금 내가 추운 것은 추운 게 아니다 라고 생각하며 견디어 낸다. 내가 거처하는 한옥은 난방은 약하고 한지로 바람을 막아주는 문이라 춥지만 늘 마당의 나무를 볼 수 있고 정원의 새소리도 들을 수 있어 아침에 새소리를 알람 시간으로 알고 일어난다. 봄날에 우리 집을 찾아오는 사람들은 늘 나를 부러워한다.

요즘 아이들은 공부공부 하다보니 자연을 즐길 줄 모르고 먹을 것이 많다 보니 음식을 놓고 맛이 있느니 없느니 투정을 부리는 아이들을 보면, 우리 육남매가 먹을 것을 놓고 한 숟가락이라도 더 먹으려고 아귀다툼을 벌이던 그 때가 생각나서 먹기 싫으면 먹지 말라고 소리를 친다.

요즘은 IMF사태를 맞아 내 아들 남의 아들 할 것 없이 모두가 어렵다. 아무쪼록 이 난국을 잘 넘기고, 겨울을 이겨낸 목련처럼 좋은 시절을 만나서 행복하게 살기를 바란다.

지나고 나면 힘들었던 시절이 더 아름답게 느껴지는 것이 인생이다.

# 뜻이 있으니

오늘 아침도 빵과 우유로 끼니를 때우고 월말 세금 정리를 하러 나가려는 순간 전화벨이 요란스럽게 울렸다. 친한 친구였다. 복지회관 컴퓨터교실에 자리가 비었는데 나오라는 것이다.

혼자 살다 보니 헤아릴 수도 없이 힘든 일도 많고 어려운 일도 많다. 다행인 것은 남편이 연금을 넘겨 주어서 생활비 걱정은 하지 않아도 된다. 돈 걱정하지 않아도 될 만큼 만들어 놓고 먼 길 떠난 남편에게 늘 감사하며 때로는 눈물도 난다.

복지회관으로 가서 친구를 찾았다. 거리로 나가면 김천은 노인들이 많은 도시인 것을 금방 느낄 수 있다. 놀랄 정도로 복지회관

전체를 노인들이 채우고 있었다. 사무실에 들어가니 몇 명 안 되는 직원이 자리를 지키고 앉아 있었는데 여직원을 찾아가 등록을 하려고 하니 "할머니, 그 수업은 아무나 하는 것이 아니어요." 하고 툭 던진 한마디에 표현하기 힘들 정도로 자존심이 상했다. 무심코 던진 돌이 개구리를 죽게 한다더니 무심결에 한 말이라고 믿고는 싶지만 빨리 잊어질 것 같은 말이 아니다. 그 말을 듣고 한참 있다가 그 여직원에게, "사람을 어떻게 보고 그런 말을 함부로 해요? 받아치고 보니 내가 심했나 싶기도 하다 할 만하니까 해달라고 하는 건데 꼭 자존심을 건드려야 하겠어요?" 여직원은 미안해 어쩔 줄 모르고 컴퓨터교실로 정중히 안내했다.

교실에는 수업이 진행되고 있었다. 선생님에게 인사를 하고 친구 곁에 가서 앉았다. 선생님은 내 곁으로 다가 오더니 실력을 믿지 못하는지 "해 낼 수 있겠어요?" 하고 다구치듯 묻는다. "이곳은 상급반으로 시험을 목적으로 합니다." 이 말을 옆에서 듣던 친구는 "이 친구는 나보다 훨씬 잘해요. 많이 알고 있으니 선생님 걱정 안 해도 돼요." 하며 웃어 보인다. 그렇게 해서 나는 면접을 마치고 복지회관 심야반 학생으로 자리를 잡았다.

아직은 배움의 끈도 놓치고 싶지 않다. 나이는 숫자에 불과하다고 늘 나한테 최면을 걸어보지만 나이는 어쩔 수 없는 걸림돌이라는 생각이 든다. 기억력이 너무 많이 감퇴되어 배운 것을 다 까먹고 오면서도 마음은 소녀 같이 즐겁기만 하다.

밤잠이 없는 나는 기상 시간이 밤 1시에서 2시 사이다. 그래도 그 시간을 지루하지 않게 보낼 수 있는 것은 글을 좋아하기 때문이다. 잠이 안 와 TV를 켜 놓으니 '인간 시대'라는 프로에서 57세 소아마비의 아내와 장애자인 남편의 생활을 방영하고 있었다.

아내는 휠체어를 타지 않으면 출입을 할 수 없었고 남편은 머리와 한쪽 팔외에는 사용이 불가능했다. 그런 몸으로 부부가 된 그들처럼 늘 웃음을 잃지 않고 서로를 배려하고 산다는 것은 쉬운 일이 아니다.

아내는 중학교에 입학해서 교복을 입은 중학생이었다. 늦깎이 학생이 된 그분은 집안 일도 빈틈없이 해내고 공부도 열심히 하지만 성적은 그의 노력을 따라주지 않아서 2학년이 되었지만 성적표를 들여다보지 않는다고 한다. 용기를 잃을까 두렵고 학구열이 떨어지면 어쩌나 하는 생각 때문이라고 했다.

수업이 끝나면 자기를 기다리고 있는 남편을 위해 오는 길에 시장도 봐가지고 온다고 한다. 남편은 학교에서 돌아오는 아내가 피곤하고 힘들까 봐 한 팔로 기어 다니며 방 청소며 마당청소까지 말끔히 해 놓고 아내 오기만을 기다린다.

남편은 아내가 공부를 해서 성공하면 좋고 못 해도 밑질 게 없다고 했다. 그녀는 어릴 적에 열병을 지독하게 앓았으나 가난 때문에 치료를 받지 못해서 몸을 쓰지 못했고 학교는 갈 엄두도 못 냈는데 언젠가는 학교를 가겠다는 꿈을 놓지 않았기에 오늘에야 학생이 되었다고 했다. 살면서 느낀 것인데 꿈은 꿈으로 끝이나지만 목표는 꾸준히 노력하면 시기는 언제나 될지 모르지만 꼭 이루워 진다고 믿는다.

돋보기를 써야만 책을 볼 수 있는 나이인데 부끄럽지 않느냐고 기자가 묻는 말에 학구열에 푹 빠져있는데 부끄럽긴 뭐가 부끄럽냐며 모든 어려움을 딛고 마냥 좋아하는 모습이 당당하고 자신감이 넘쳐 좋아 보였다.

학교에서는 그의 등교 길을 돕기 위해 학교에 전용 엘리베이터도 설치했다고 하니 얼마나 축복인가 싶다. 간절히 바라면 소원은 이루어지고 지성이면 감천이라고 하더니 TV에서 이 프로를 보면서 육신이 성한 내가 무엇인들 못 할까, 다시 한 번 새로운 각오를 다져본다.

# 고려장과 자장면 그릇

어느 곳에서나 휴식을 취할 수 있을 만큼 아름다운 공원으로 채워진 김천 평화 프라자 건물 지하에는 노인들의 주머니를 노리는 떠돌이 장사꾼들이 유통기한 표시가 되어 있지 않은 식품이나 생활용품들을 가지고 찾아와 할머니들을 모아놓고 선물공세를 편다.

말 잘하는 미남과 미녀들이 앞에 나와서 온갖 현란한 언변과 행동으로 유혹하면 할머니들은 자녀들에게 받은 용돈을 다 써버리고 만다. 며느님들의 말을 들어보면 할머니들이 유혹에 잘 넘어가 필요 없는 물건을 많이 사가지고 오기 때문에 골치가 아프다고 한다.

가정에서 자녀나 손자들에게 냉대를 받은 할머니들의 마음을 알고 비위를 잘 맞춰주면서 사탕발림을 하면 마음 약한 할머니들은 '젊은이들이 먹고 살겠다고 우리에게 저렇게 잘해주는데' 하는 생각에 뿌리치지 못하고 분에 넘치는 물품도 한 아름씩 사들고 집에 와서 며느리와 아들에게 구박을 받게 된다.

자식을 기르는 어미의 마음은 옛날이나 지금이나 같은데 자식이 어미를 공경하고 섬기는 것은 너무도 달라져 있다. 어른들은 집에서 기르는 개보다 못한 대접을 받고 있다고 느낄 만큼 자식들 눈치를 보며 살고 있다.

어느 할머니는 3층 건물을 가지고 있었는데 아들과 며느리가 만나기만 하면 팔아가지고 저희들 집에 와서 같이 살자고 졸라서 눈에 넣어도 아프지 않을 아들만 철석 같이 믿고 집을 팔아 아들 며느리에게 돈을 맡기고 들어갔는데 얼마 가지 않아 며느리가 차갑게 대했다. 출근을 해도 아무 말 없이 문을 닫고 나가고 퇴근을 해도 아무 말 없이 문 닫고 자기 방으로 들어가는 것을 보는 마음이 너무 불편하고 아프다고 했다. 아침밥도 주지 않고 출근을 해서 주방에 가보면 밥도 없이 해 놓고 나가는 날이 달력에 빨간 날만큼이나 많다고 했다. 생각다 못한 할머니는 아들을 불러 놓고 내가 여기 오니 낯설고 친구도 없고 답답해서 있을 수가 없으니 고향으로 돌아가서 그 곳에서 며칠 있다가 이곳에 와서 며칠 있다

그렇게 지내는 것이 좋을 것 같다고 하고 가져간 짐을 싸들고 며느리가 출근한 사이에 살던 곳으로 다시와 셋방을 얻어 살다가 그것도 힘이 들어 노인 요양원에 들어온 지 달 반이 되었다고 한다.

새로운 친구 만나 어울려 지내는 동안 요양원 생활에 재미를 붙였는데, 어느 날 저녁 친한 친구가 찾아와 술잔을 기울이며, 며느리에게 구박받던 일을 하소연 하고 집으로 가다가 거리에 쓰러져 보는 이 하나 없는 쓸쓸한 죽음을 맞았다.

부모님들은 자식에게 희망을 걸고 힘들고 괴로워도 참고 키웠는데 늙고 나니 뒤통수를 치는 자식이 너무 많아졌다. 노인들은 외롭고 힘든 것을 잊으려다가 장사치들에게 속기도 하면서 경로당에서 외로움을 달랜다.

1960년대 가장 맛좋은 음식이 자장면이라는 것을 먹어본 사람이라면 다 기억할 것이다. 그 때는 부모가 자식들에게 자장면 맛과 같은 존재였는데 요즈음 자식들은 맛있는 자장면 다 먹고 나서 빈 그릇을 대문 밖에 던져놓고 가져가든 말든 쳐다보지 않는 것처럼 버리는 자식이 너무 많다. 어느날 마을에서 고풍깨나 찾는 어른이 나를 찾아 오셨다. 할아버지 애들이 족보를 볼 생각을 안하세요. 하니까 부모도 안 찾아보는 세상에 족보는 찾아 무엇 합니까 하신다.

자식들만을 원망하기엔 세월이 너무 많이 변해 있기에 나라에서, 또는 뜻이 있는 독지가들이 노인 요양 전문병원을 앞다투어 짓고 식사를 거르는 노인들을 위해 식사 배달을 하는 시설과 봉사 단체도 많다.

요즈음 세태로 보면 시설로 가는 것이 더 마음 편히 살아가는 길인지도 모른다. 늙어 외롭지 않고 자식들에게 서러움 받지 않으려면 취미생활도 하면서 건강 챙기고 돈도 저축해 두고 친구도 사귀어 놓고 있어야 한다고 한다.

옛날에는 70세가 되면 고려장을 했다는데, 요즘 노인들이 병들면 노인 요양원으로 보내지는 것은 현대판 고려장이다.

# TV와 컴퓨터

초등학교 때 처음으로 TV를 접했다. 그 당시만 해도 시골에서는 부자가 아니면 TV를 살 엄두도 내지 못했을 때 우리 마을에서 제일 부자로 사는 이장 댁과 육군 장교인 아저씨 댁에 TV가 있었다. 장교 아저씨 댁에는 무서워서 사람들이 TV를 보러가지 않고, 이장님 댁으로 많이 갔다.

마을 사람들은 쉬는 시간이면 아이 어른 할 것 없이 이장 댁으로 모였다. 주인이 자랑스러운 얼굴로 문을 열어주며 보라고 할 때도 있지만 비가 오거나 더울 때면 짜증을 내며 "다른 집으로 좀 가지." 하면서 무척 싫어했다. 지금 같으면 싫어하면 가지 않았을 텐데 어려서 눈치가 없었던 모양이다. 싫어하는 줄 알지만 막무가내로 찾아가 피곤하게 할 때가 많았다. 어른들은 들일을 나가면 텔레비전 내용을 화제로 삼았다.

할머니들은 TV속에 사람이 있는 줄 알고 어떻게 저 작은 상자에 사람이 들어가 밥도 먹지 않고 노래를 할 수 있느냐며 정말 신기하다며 주위가 시끄럽도록 떠들어 댔다. 아저씨 아주머니들은 연속극에서 슬픈 화면을 보여주면 모두 눈물을 흘리고, 싸우는 장면이 나오면 저 죽일 놈들 저런 놈은 혼내줘야 된다며 자기도 모르게 주먹을 불끈 쥐고 노발대발 욕설까지 했다. 그러다가 와하고 웃어 댔다. 그때 아저씨가 지금은 백발노인이 되어 망령기가 있어도 그때 일을 생생이 이야기하신다.

지금은 가정의 필수품이 되어 버린 TV, 사연도 정말 많았다. 요즈음은 컴퓨터가 TV를 밀어내고 주인 행세를 하고 있다. 컴퓨터로 TV를 볼 수 있고 콩 타작마당에 콩알 쏟아지듯 하는 수많은 정보들이 귀와 눈을 어지럽게 하고 세상은 바쁘게 돌아간다. 음란물들이 이메일로 들어와 삭제를 해도 끝이 없다. 어쩌다 음란물이 눈에 뜨이게 되면 빨리 삭제해 버린다.

수많은 정보들을 걸러서 써먹게 된다면 지식 향상과 경제적 도움이 되는 것을 알면서도 때로는 쓸데없이 오락 게임으로 시간을 허비하게 된다. 안타까운 것은 컴퓨터가 건강에 막대한 지장을 주는 것이 눈에 보이는데도 시간조절이 잘 안 된다. 시력이 많이 감퇴되고 자세가 좋지 않아 허리 통증이 와서 병원신세를 지면서도 오락 게임에 빠져 2~3일 먹지도 않고 게임을 하다가 죽는 젊은이까지 있다고 한다. 나도 컴퓨터 앞에 장시간 앉아 있다가 할 일도 못한 적이 가끔 있다.

컴퓨터는 언제나 자유의 공간이다. 컴퓨터를 사용하는 이라면 우선 최소한 기본 양심은 있어야 남에게 피해를 주지 않는다고 생각된다. 많은 사람들이 양심을 저버리기 때문에 전자 상거래나 은행 업무에서도 손해를 입히게 되고 양심 있는 사람들까지 도매금으로 넘어가게 되어 서로가 믿지 못하게 되었다. 눈에 보이지 않는 공간이고 실물과 대할 수 없기 때문에 자칫하면 남을 속이려는 사람들에게 말려들기 쉽다.

또한 올바른 인격을 갖추지 않는 사람과 글을 주고받아 성장기의 아이들이 생명까지도 잃어버리는 것을 뉴스에서 접할 때마다 저렇게 마음이 동요 될 수 있을까 싶어 마음이 아플 때가 있다.

우리나라는 세계 PC 강국으로 알려져 시골 노인들까지도 컴퓨터를 할 수 있도록 국가가 막대한 자금을 주어 시설을 갖추고 무료 교육을 시켜주고 있다. 안방에 앉아 세상 구석구석을 차비 한 푼 들이지 않고 마우스 하나로 전 세계를 여행할 수 있으며 보고 싶은 손자들과 이메일을 주고받을 수 있고 화상대화까지 할 수 있게 되었다. 교통이 복잡한 교통지옥에서 벗어나도록 도와주고 수강료를 내지 않고도 다른 나라 역사 공부며 풍속을 익힐 수 있다.

나도 정부의 도움을 받아 요즈음 평생대학에 입학해서 선생님 말씀 놓치지 않고 열심히 배워 컴맹에서 탈출은 했지만 열심히 배운 만큼 머릿속에 머물질 않으니 안타깝다. 이것이 나이 탓이라고들 하지만 여기에서 멈추고 싶지는 않다. 컴퓨터를 통해서 사진 앨범을 만들고 간단한 민원을 집에 서 볼 수 있도록 배우는 게 나의 목표다.

# 햇살이 그리운 펭귄

집에 있기 따분해서 노인 요양원을 찾아갔다. 자기 나이 79세인데도 늘 70세라고 해 놓고 깔깔대며 웃는 할머니의 얼굴이 영락없는 개구쟁이다.

할머니들의 하루는 바람을 타고 일어나는 파도의 거품처럼 부서지고 다시 일고 잠시도 방심할 수가 없다. 먹는 것에 관심이 많아 먹는 시간만은 조용하다. 노인들은 젊은 시절 자기의 의사를 밝히지 못하고 억압당하고 살아왔기 때문에 홀가분해야 할 연세인데도 무엇인가 늘 가슴에 숨기고 사는 듯하다.

곱게 늙어 가시는 할머니, 잘 놀고 있는 가 했더니  나를 당신

며느리로 착각했는지 이상한 눈빛을 하고 호통을 친다.

"나는 늙어서 이런 곳에 왔지만 너는 젊은것이 나를 감쪽같이 속이고 왜 이런 곳에 와 있어 우리 집 맏며느리인데 그러면 쓰나. 너의 어머니 불러놓고 따져봐야지!"

눈동자 안에 쏟아내지 못한 말들이 고인 듯 순간적으로 힘이 들어가고 화가 치솟는 할머니 숨결이 가쁘고 참지 못해 어찌 할 바를 모르신다.

"할머니 저는 며느님이 아니고 봉사자예요. 조금 기다리면 며느님이 모시러 올 겁니다."

한동안 화를 참지 못해 어쩔 줄을 모르다 본심을 찾은 할머니는 자신의 처지를 알게 되고 미안해 하신다. 한 할머니가 화장실에 간다며 궁둥이를 살랑살랑 흔들며 주방으로 들어가신다.

"나 좋다고 달려들 때 두 손 꼭 잡고 키스할 걸 왜 진작 말 못했던가."

고장 난 녹음기처럼 연속적으로 부르는 할머니의 노래 가락 속에는 이루지 못한 큰 의미가 한으로 남은 것 같다. 한손에는 주방에서 먹을 것 챙겨들고 다른 손에는 신을 들고 현관문으로 나가려는 또 다른 어르신이 발작을 한다.

"어디 가요?"

"집에 동생이 와있어 모처럼 왔는데 내가 놀아줘야지."

집에는 둘째 딸이 와 있었다.

"어르신, 동생 안 왔어요."

"왔어, 선생님도 아침에 봤잖아."

"그분은 동생이 아니고 할머니 둘째 딸이예요."

"아냐 동생이여."

딸을 몰라보고 동생이라 우기는 어르신

"물리치료시간이요. 할머니 저기 가서 기다려요."

실장님은 정에 굶주려 외로움으로 가득한 할머니들에게 사랑이 담긴 물리치료를 한다. 가족의 행복을 짓밟고 우울하게 하는 치매를 앓고 계시는 어르신들, 물리치료 시간만은 발작을 멈추고 치료를 잘 받으신다. 실장님의 마음과 어르신들의 마음이 하나가 되는 것을 어르신들은 잘 알고 계시기 때문이다.

파도처럼 부서지고 다시 일고 오전 시간은 금방 지나간다. 이때 두 손 내밀고 쫓아온 할머니

"못된 둘째 딸년이 내 손의 쌍반지를 오늘 아침에 빼가고 없어."

흥분한 얼굴로 헛소리를 하신다. 할머니 손에 끼여 있던 쌍반지는 내가 큰딸에게 정신도 흐린 할머니 요즈음 금값이 비싼데 반지를 빼고 보내는 것이 좋을 것 같다고 했더니 빼고 보낸 거다. 할머니는 평소 둘째 딸이 마음에 안 들었던 모양이다.

점심시간이면 하루 중 가장 즐거운 시간이다. 이 시간만을 기억

하고 계신 할머니는 모두 일어나라며 불호령을 하고 계신다. 나눔의 집 주방장아저씨가 건강을 생각하며 만든 따끈한 음식이 외롭고 소외된 할머니들의 마음을 녹여드리는 즐거운 시간이다.

점심식사가 끝나면 사회단체, 학생단체들로부터 봉사를 받게 된다. 학생들은 학교에서 수업을 받고 오기 때문에 할머니들의 어깨도 주물러 드리고 재롱도 떨고 흘러간 노래 가락으로 흥을 돋우어 주면 눈물까지 보이면서

"어느 자식이 이 늙은이들에게 이렇게 고맙게 할까! 고마워요. 미안해요."

연방 고맙다고 침이 마르도록 칭찬을 하신다.

"내일 올 때 돈 좀 갖다 드릴게요. 우리 집에 돈 많아요."

발작이 일어난 할머니의 헛소리다. 손을 잡고 있으면 눈은 웃지만 마음이 아프다. 저분들의 언행이 앞날의 내 모습이라면 나도 누군가를 힘들게 할 것이 아닌가 생각하며 그분들을 더 열심히 돌보게 된다.

근육을 풀어 드리기 위해 둘러앉아 맷돌체조를 하는데 손과 발이 마음과는 딴판으로 움직이는 모습을 보고 웃음을 참느라 힘들어 죽겠는데 이상한 동작을 하고 있는 본인의 모습은 모르고 마주앉아 있는 할머니의 모습을 보고 죽겠다고 웃어댄다. 이 시간이 끝나면 집으로 돌아가는 시간이다.

신발 찾는 것이 집 찾아가기만큼이나 힘이 들어 우왕좌왕 하는 어르신들, 아침에 신고 왔던 신도 모르고 입고 왔던 옷도 기억을 못해 남의 옷 입고 나서고 남의 신 들고 나서 싸우느라 소란스럽다. 나이 많으면 어린애가 된다더니 세 살 먹은 아이의 지능과 흡사하다. 펭귄이 걸어가는 듯 줄지어 뒤뚱거리며 계단을 내려가시는 어르신들이 차에 오르면 집 앞에 한 분 한분 내려드린다.

다 내리고 마지막 기다리고 있던 어르신 한참을 기다리다.

"선생님, 고마워요. 떡 좀 드릴게요. 봉지 한 개 줘요."

무엇을 나에게 주고 싶은 마음이 생겼나 보다. 헛소리를 하신다. 차는 멈추고 마중 나온 며느리 손에 끌려 내리는 어르신

"저 떡을 가져가야지."

"떡이 어디 있어요. 차문 닫아야지요. 비켜요."

며느리가 쏘아 붙인다.

모두 내려 드린 후 시장에 들렀는데 길가에 채소를 벌여놓고 한 손에는 다듬어진 파가, 다른 한 손엔 아직 다듬지 않은 파가 쥐어져 있는 할머니 몸은 45도로 기울어져 앉은 자세로 한밤중인양 잠들어 있다. 시장 바닥에 앉아서 잠이 들어있는 어르신, 얼마나 고단하시면 아직은 날씨도 추운데 저런 자세로 깊은 잠을 들 수 있을까! 얼굴은 겨울 찬바람에 얼어 검자줏빛을 하고 손마디는 무덤처럼 튀어나온 어르신 삶이 온몸으로 배어나온다.

# 3부

# 삶의 지혜

밭에 도라지를 조금 심었더니 도라지 숫자보다 풀이 훨씬 많다. 풀을 매주지 않으면 도라지가 풀을 이겨내지 못 할 것 같은 생각이 든다. 웰빙이니 친환경 농산물이니 하는 새로운 이름들이 주부들을 유혹하지만 식품을 가지고 장난치는 사람들이 많아서 믿기가 힘든다. 벌레들도 인간에게 저항하려는 능력이 생기는지 예전에 보이지 않던 벌레들이 기하급수로 늘어나 농부들을 당황하게 하고 약을 뿌려도 잘 죽지 않는다.

우리가 농작물을 고를 때 다소 벌레 먹은 흔적이 있고 보기에 깔끔하지 않은 것이 비료와 농약을 덜 뿌린 것인다. 그런데도 주부들은 눈으로 보아 보기 좋은 것만 고르기 때문에 농부들은 어쩔 수 없이 건강에 해로운지 알면서도 소비자 취향에 맞추려고 비료를 많이 주고 농약을 여러 번 뿌려 보기 좋은 농사를 짓기 위해 많은 노력을 한다.

지베린(농약)처리를 하고 영양제를 뿌린 과일이 보기 좋고 먹음직스럽다. 보기 좋은 것을 선호하는 주부들은 그런 과일들을 찾게 된다. 집에서 먹으려고 비료를 주지 않고 농사를 지어보면 퇴비로 지은 농작물이 벌레 먹고 못 생기고 떡잎이 많기는 해도 먹어보면 맛이 월등하게 차이가 난다. 맛이 쓰지 않고 단 맛이 입안에 돈다.

과학적인 근거는 몰라도 이천 년 대 들어서서 그동안 보기 힘들었던 비만 어린이가 기하급수로 늘어나고 성인병에 걸리는 사람들이 날로 많아지는 것은 모두가 잘못 된 식생활 탓으로 돌리지 않을 수가 없다. 농사를 지으면 힘든 것도 있지만 사람이 햇볕에 노출되는 시간이 많아 도시 사람보다 일찍 피부에 주름이 오고 늙어 잡티가 많이 생기게 되고 수입이 적으니까 농사짓는 것을 모두 꺼린다.

요즈음 들판에 묵히고 있는 땅이 많이 있으니 부지런하기만 하면 누구나 집에서 먹을 채소는 기를 수 있다. 휴일에 식구들끼리 나가 파나 상추 정도는 자급자족하는 것이 건강에도 아이들에게도 좋다고 생각한다. 매일 가서 들여다보고 식물과 대화를 하는 중에 얻어지는 지혜는 참으로 많다. 식물들이 살아가는 모습을 보고 있노라면 매사에 침착하고 여유를 갖게 하며 어려움을 극복해 나아갈 수 있는 힘이 생긴다.

다른 식물은 당년에 수확을 보지만 도라지는 3-4년이 지나야 수확을 하게 된다. 한해 하나씩 싹이 늘어 가는데 제자리에 나는 것이 아니고 옆으로 비켜나거나 아래 위로 나기 때문에 머리 싹이 떨어진 상처를 헤아리면 몇 년 생이라는 것을 알 수 있다. 도라지 싹이 드물게 나면 가지가 많아 껍질을 벗기기가 힘들고 싹이 비좁게 나면 옆자리가 없다는 것을 식물들도 알고 도라지는 밑으로 곧게 자라 가지가 없어서 껍질을 벗기기가 쉽다. 도라지는 농약을 뿌리지 않아도 농사를 짓는다.

사람들은 자기가 설 자리가 좁으면 편히 앉으려고 옆 사람을 밀어내려고 머리를 굴리지만 식물은 전혀 반대로 자리가 좁으면 자리를 양보하기 위해 아래 위로 뻗으려고 노력해 옆 식물에게 전혀 피해를 주지 않고 양보하는 본능을 갖고 있다. 나는 이 사실을 도라지를 보고 배웠다. 사람이 식물에게 배워야 될 점이 한두 가지가 아니라는 것은 늘 생활 속에서 알 수 있었던 일이다.

도라지는 농약이 전혀 필요 없는 식물이다. 식품이면서도 약으로도 쓰인다. 기침이나 가래가 끓는데 좋다고 알려져 식구들 건강을 생각해서 즐겨 먹는다. 한나절 도라지 밭을 매다가 집으로 돌아오려는데 맑던 하늘이 구름으로 덥히고 하늘이 내려앉은 느낌이다. 바람 한 점 없어 소낙비라도 한줄기 맞았으면 좋겠다는 생각이 든다.

비탈길을 힘없이 내려오는데 소 등을 두고 다툰다는 소낙비가 바람과 함께 요란한 소리를 내며 쏟아진다. 비를 맞으니 처음엔 시원하다는 생각이 들더니 빗물이 눈에 들어가 앞이 안 보인다. 들에 나갈 적마다 만반의 준비를 하는 남편과는 달리 나는 준비성이 없어 늘 낭패를 겪고는 한다. 정신없이 내려오는데 등산객이 깔고 앉았다 버리고 간 신문이 눈에 띄었다. 물에 빠진 사람 지푸라기라도 잡는다는 심정으로 우중에 신문을 보니 반가워서 나도 모르게 신문을 주워들었다.

대문자로 크게 쓴 주부 컴퓨터 수강생 모집이라는 글이 눈에 들어왔다. 얼마 후 학원에 등록을 해서 갈퀴 같은 손가락으로 자판을 누르니 엉뚱한 숫자가 눌려지고 계속 오자가 나온다. 그럴 때마다 회의에 빠지기도 하며 눈도 잘 보이지 않아 돋보기가 없으면 그날 수업은 할 수가 없었다.

그래도 세월이 약이라고 시간 날 때마다 기회가 올 때마다 복지회관으로 대학으로 옮겨 다니며 열심히 배운 탓에 컴맹에서 벗어날 수가 있었다. 요즈음은 내가 필요한 것은 검색난으로 찾아 볼 수도 있고 친구들과 e-mail도 주고받는 시간을 갖게 되어 즐겁기만 하다. 게으름 부리다 이 시간을 놓쳤다면 아마 집에서 걸레질이나 하고 마을 할머니들 틈에 끼어 화투놀이나 하다 잔돈푼이나 축내는 노년을 보낼 텐데, 컴퓨터 봉사요원 수료도 하고, 실버 예절강사 수료도 했으며 수필로 등단까지 했으니 내가 생각해봐도 열심히 살아온 것 같아 후회는 없다. 덕분에 글도 쓰니 늘 기쁜 마음으로 살아 갈 수 있어 보는 이들이 나이를 먹지 않는다고 한다. 늙어가는 길목에서 더디게 갈 수 있다는 생각에 마음은 늘 즐겁고 버려진 신문지 한 장에도 인생이 바뀔 수 있다는 진리를 깨닫고 그것에 감사한다.

# 내 고향 김천

입춘이 지나서인지 꽃샘바람이 심술을 부린다. 근육통 때문에 병원에 가려고 아침 일찍 열차역으로 갔다. 열차를 타면 무의식중에 눈은 창밖을 향하게 되는데 그럴 때마다 지난날의 많은 추억들이 잠시 머물다 지나간다. 창밖 저편 강변공원에 푸른 소나무들이 열차가 지날 적마다 손님들의 시선을 불러들인다.

김천서 서울까지는 3시간 남짓 가야 되는데 정말 지루하다. 서울역에 내려 전철역으로 가는 도중 옆으로 지나가시는 65-70세로 보이는 신사분의 핸드폰에서 전화벨이 울리고 "전화 받으세요. 전화 받으세요." 벨 소리가 요란스럽게 울려나온다. 핸드폰을 열고

"음, 나다. 2조는 굴러다니는 돈이니까 아무 걱정 말고 명동 2번 홈에서 만나 계약을 성사시켜라."

이 말을 듣는 순간 아무 관련도 없는 내 가슴이 두근거리고 전화 받던 신사분이 무섭고 두려운 생각이 들어 힐긋힐긋 쳐다보다가 하마터면 사람이 많이 오고가는 길에 넘어져 망신을 당할 뻔했다.

서울이란 곳이 옛날부터 위태롭고 무서운 곳이며 눈감으면 코 베어간다는 서울이지만 오늘따라 더욱 무서운 생각이 든다. 치료를 받고 내려오면서 열차 안에서 창밖을 보니 A호텔, B호텔, C호텔… 쳐다보기도 힘든 건물들이 눈에 들어온다. 저 정도 건물을 가진 사람이라면 2조가 굴러다닐 수도 있겠구나 싶어 고개를 끄덕여본다. 빨리 서울을 벗어나고 싶은 생각뿐이다.

저번에 기차를 탔을 땐 아버지와 아들이 서울서 구미로 가는 통일호에 나란히 앉아 아들 이름을 부르며

"나는 살만큼 살았다. 너희들은 젊으니 어디를 가서 자리를 잡든 말리지 않겠다. 그 대신 너희들은 내가 어디 가서 살든 상관하지 말아라. 내가 가진 것 모두 정리해서 김천에 가서 살겠다."

"아버지 왜요?"

아들이 놀라서 아버지가 말을 끝내기도 전에 묻는다.

아버지는 흐뭇한 웃음을 웃으며

"여러 도시를 돌아다니며 보았지만 김천이 제일 좋은 것 같다.

김천은 도시와 농촌을 겸한 생활권으로 생산품도 넉넉하고 문화시설이며 자연경관이 잘 되어있어 그리 정했다."

부자가 주고받는 말에 김천에 살면서 김천이 좋은 곳이라는 것을 느끼지 못하는 사람들은 타 지역 사람들 보기에 부끄럽지 않을까 하는 생각이 들었다. 김천에 거주하고 있는 나로서는 공연히 우쭐하고 뿌듯했다. 그분들에게 정이 가지 않을 수가 없었다.

부자 할아버지의 이야기를 듣는 순간에 왜 아버지와 아들의 이야기가 떠오르는 것일까! 부자의 돈보다는 사람 냄새가 나는 정이 소중한 것이기 때문일 거다. 아무리 돈이 좋은 세상이라 하더라도 돈보다는 사람이 우선이라는 생각이 들었다. 전국에서 세 번 째로 시로 승격되었다는 김천이 박팔용 시장이 살림을 맡기 전까지는 잠자는 도시이었는데 지금은 전국에서 알아주는 도시, 새로 뜨는 혁신도시가 되었다.

박팔용 시장을 도우며 생사를 같이했던 분이 박보생 시장이다. 박팔용 시장이 용감한 시장이었다면 매사에 신중하고 생각이 많으며 내 사전엔 실패란 없다고 주장하는 분이 박보생 시장이다. 모친의 대쪽 같은 성품을 닮았으리라 믿는다. 시민의 손으로 뽑은 그분이 시장 초기부터 기업유치 전국 일위로 손꼽힌 분이다. 그분의 능력을 시민이 믿고 따른다면 많은 일을 해낼 수 있을 것이다.

많은 공장을 유치해서 젊은이들이 전국에서 일자ㄹ리를 얻기 위해 김천으로 몰려오고 있다. 어려웠던 그 옛날 보리고개를 이겨내고 IMF때 금모으기로 나라의 위기를 물리치신 어른들이 이제 노년이 되어 편히 살다 돌아가시도록 양노시설에도 신경 쓰셔서 젊은이는 김천에 있는 기업으로 몰려오고 노인들은 대접받기 위해서 김천으로 오는 날이 올 것이라고 믿는다.

# 시골이 좋아

기억력이 극심하게 감퇴되어 혹 뇌혈관이 막혀서 그런 것이 아닌가 싶어 서울에 있는 의료원 뇌신경과에 예약을 했다. 날짜가 다 되어서 병원에 가려고 나서니 가로등은 사방을 밝게 비추어도 모두가 잠든 밤이라 무서운 생각이 든다.

어떻게 김천역에까지 왔는지 온 몸이 땀으로 배어 있다. 차에 오르니 모두가 곤하게 잠들어 옆자리에 가서 앉아도 모른다. 앞자리에 앉은 남자가 코를 심하게 골고 있다. 부인이 무척 힘들겠다는 생각이 들었다. 나도 자다 깨다 세 시간이 지나 서울역에 도착했다.

서울은 아침 출근 시간이 되어서 너무 혼잡하다. 젊은이들이 가던 길을 멈추고 역 광장 TV를 향해 V자형으로 늘어섰다. 심각한 표정을 짓고 섰다가 이내 와르르하고 역이 떠들썩하게 웃는다. 무슨 좋은 일이라도 있나 싶어서 갈 길이 바쁘지만 나도 TV 앞으로 가서 멈추어 섰다. 김연아 선수가 혼신의 힘을 다해 피겨 스케이트를 타는 장면을 재방송으로 보여주고 있었다. 아름다운 김연아의 매력에 넋을 빼앗긴 아침 출근길 행인들은 아쉬움을 남긴 채 제각기 일터로 발길을 옮겨 길을 가고 있다. 나도 덩달아 잠시나마 아픔을 잊고 서 있다가 전철로 향했다. 김연아 선수의 부모는 이 세상 무엇이 부러울까 하는 생각이 든다. 세계가 주목하고 있는 대한의 딸이 아닌가?

지하철에 오르자 키가 2미터 가까이 되어 보이는 청년이 칸과 칸 사이를 건너오는데 큰 키를 바로 서지 못하고 목을 구부려 기린처럼 앞으로 내민다. 그 뒤에는 키가 작은 할머니가 야윈 몸매에 허술한 차림으로 건너오고 있다. 노숙자처럼 보이는 할아버지도 손에는 보따리를 들고 며칠을 굶은 듯 힘없이 오른다. 그분들과 함께 노약자, 장애자, 임산부 자리로 지정된 곳에 가니 이미 자리에는 40대로 보이는 젊은 여자와 50대로 보이는 두 여자가 신문으로 눈을 가리고 앉아 있었다. 그 앞에 손잡이를 잡고 섰지만 작은 키의 할머니는 손잡이가 손에 잡히지 않아 쓰러질 듯 쓰러질 듯 서있는 모습이 위태롭다.

그 앞에는 임산부가 서 있었는데 태동이 느껴지는지 두 손으로 배를 자주 쓸어내린다. 정작 앉아야 할 사람들은 서있고 서야 할 젊은 사람들은 앉아 있다. 앉아 있는 아주머니를 보니 귀에는 귀고리가, 목에는 동아줄 같은 금목걸이가 무거워 보인다. 손에는 휴대전화가 쥐어져 있었고 어깨엔 무거운 가방이 걸려 있다. 저렇게 들고 걸쳤으니 몸이 힘들어 보인다. 그러니 노약자 자리에 앉아 있는지도 모르겠다. 그 모습을 보고 있자니 외모는 아무리 가꾸어도 세월이 가면 잃어버리기 마련이고 교양과 지식을 쌓는다면 늙어서도 젊게 살 수 있는데 자기가 앉아야 될 자리조차 모르면서 외모는 가꾸어 무엇에 쓰겠나 싶은 생각마저 든다.

사람의 양심은 눈이 제일 먼저 감지하는 것 같다. 앞에 서 있는 어른과 임산부 보기가 민망한지 양심을 감추지 못해 눈을 감고 앉아 있다. 시골 같으면 벌써 할머니 할아버지에게 자리를 양보했을 텐데 앞에 섰던 할아버지는 키가 작아 손잡이를 잡지 못하고 흔들리는 할머니가 안쓰러운지 벽으로 붙어서라는 말을 건넨다.

어디서 불쾌한 냄새가 코를 자극해서 돌아다보니 손수레를 끌고 할아버지가 나타났다. 그의 눈은 온통 선반 위에 있고 사람을 의식하지 않는다. 허리는 구부러져 있고 바람이 불면 날아갈 몸을 하고 선반 위 신문을 빼들며 쏜살같이 옆을 지나간다. 이것이 할

아버지의 생계수단인 모양이다.

서울이나 시골이나 노인들이 일을 해야만 살 수 있는 것을 자주 볼 수 있다. 신문에만 몰두한 할아버지가 서서 통화를 하고 있는 젊은이의 휴대전화를 신문으로 쳐서 그만 바닥에 떨어졌다. 할아버지는 젊은이에게 휴대전화를 주워주며 정중히 사과를 하고 다른 칸으로 바쁘게 건너간다.

다른 사람을 밀치며 제 갈 방향을 찾아 내리는 승객들, 정말 바쁘게도 움직인다. 사람들이 많이 없는 시골길을 걷다가 서울에 오니 숨이 막힐 것만 같고 정신이 없다. 역 바닥에 아주머니 몇 명이 앉아 물바가지로 말라붙은 껌을 불려가며 긁어내고 앉아 있었다. 껌을 씹는 사람이 조금만 신경을 쓰면 저런 일은 하지 않아도 될 텐데 혼자말로 중얼거리며 옆을 지나갔다.

서울 하늘은 며느리가 아침 굶긴 시어머니 얼굴처럼 흐려서 마음까지 우울하게 한다. 여러 가지 일들이 벌어지고 긴장감이 감도는 공해의 도시다. 시골 같으면 신선한 아침 공기에다 맑은 하늘이 눈의 피로를 풀어주지, 출근하는 사람들도 여유가 있고 눈을 잠시 돌리면 새소리 바람소리를 들을 수 있으며 맑은 공기를 마실 수 있는 산이 곁에 있어 피로감을 느끼지 못하는데 서울은 아침부터 너무 긴장되고 피곤하다.

옛날부터 사람은 나면 서울로 가고 말은 나면 제주도로 보내라고 하지만 나는 시골이 더 좋다. 전철에서 내리니 일원 전철역 앞에 병원까지 가는 버스가 대기하고 있다. 예약시간보다 다소 늦게 도착했다. 병원은 가는 곳마다 발 디딜 틈이 없이 사람들로 가득하다. 병원에 갈 때마다 느끼는 것이지만 의사나 간호사가 힘들고 고달프겠다는 생각이 든다. 고생고생 올라와서 의사와 몇 마디 나누지도 못하고 궁금증도 풀지 못한 채 내려가면서 왜 어디가 어떻게 아프다고 말을 다 못 했을까 후회를 하면서 갈 때가 많다.

자기만 챙기고 남의 아픔과 고통을 모르는 곳이 서울 같아서, 서울에 올 적마다 허전한 마음이 든다. 아직도 시골에는 남을 배려하는 마음이 남아 있고 정이 있다. 오늘 집에 있었다면 이 많은 사람들이 움직이는 아침을 상상이나 했을까? 집으로 돌아갈 일이 아득하기만 하다.

# 삶을 위해 바친 시간

누구나 태어날 때부터 24시간을 공평하게 배정받고 이 세상에 태어난다. 하루 24시간을 어디에 쓰던 개개인의 판단에 따라 써야 하며 받은 시간을 저축을 한다거나 남에게 빌려주거나 두고 쓸 수도 없으며 버릴 수도 없고 도둑이 가져갈 수도 없다. 죽을 때까지 내 것이라는 것이 이렇게 확실한 것은 태어나면 죽는다는 것 외에는 없는 것 같다. 시간은 걸치고 다니는 옷처럼 우리와 함께 움직인다.

조물주로부터 받은 24시간을 어떤 생각을 하고 어떻게 설계를 하고 어디에다 쓰느냐에 따라 그 사람이 살아가는 모습도 위치도 얻어지는 모든 것들이 다 다르다. 내가 어떤 결정을 내리느냐에 따라서 그것들이 힘이 되고 기반이 되어 자기만의 색깔을 드러내게 된다. 사람은 수십 가지 생각을 하고 그때마다 자기가 결정을 해야 할 일들이 벌어진다. 순간의 생각과 결정이 자기를 만들어간다.

남에게 존경을 받는 사람이 되고 사랑을 받는 사람이 되기 위해서 남이 놀 때 일을 하고 남이 잘 때도 노력하는 사람도 많다. 노력은 사람을 배신을 하지 않는다고 한다. 출세와 부귀를 위해서 시간과 생각을 다 써버리는 사람도 있다.

남에게 피해를 주지 않고 신세지는 일 없이 부끄럽지 않게 올바른 생각을 가지고 살아가는 것이 출세나 부귀보다 보람된 삶이 아닐까? 시간을 잘못 이용해서 큰 것을 잃기도 하고 불행한 삶을 살아가기도 하며 남에게 피해를 주기도 한다.

대부분 사람들은 부자가 되고 싶고 출세도 하고 싶지만 꿈을 이루지 못하고 후회하며 좌절하면서 살아간다. 본래 꿈은 꿈으로 끝날 수 있기 때문에 꿈이라고 한단다. 우리는 꿈보다는 목표를 가지고 그곳을 향해 간다면 목표에 이르지 못할 지라도 목표 없이 살아가는 것보다야 낫지 않겠나 싶은 생각이 든다.

출세한 사람들의 이야기를 들어보면 남보다 늦도록 잠자리에 들지 않고 아침에 일찍 일어나 일을 하고 먹을 것 다 먹지 않고 모아놓는데 있다고 했다. 모든 사람은 어떻게 하면 잘 살 수 있을까 고민하며 살고 있기 때문에 자기가 병이 들어도 모르고 살아간다. 이와 같이 힘을 다해 살아가는 사람이 있는가 하면 자기에게 주어진 시간의 소중함을 모르고 하루하루를 낭비를 하고 살아가면서 부모가 가진 것조차 유흥비로 날려 보내고 평생을 후회하고 살아가는 사람이 요즈음 들어 많아지는 것 같다고 한다.

선진국에 들어선 우리들은 시간만이라도 잘 지키는 부끄럽지 않는 국민이 되어야 한다는 생각이 든다. 내 나이 예순이 넘었다. 살면서 자식들 괴롭히지 않으려고 다섯 시면 일어나서 집 앞에 있는 학교 운동장에 가면 운동하려고 나오는 사람들이 많다. 운동장 다섯 바퀴를 돌고 몸풀기 한 후 집으로 오면 밤새 굳어졌던 몸이 가벼워지고 풀려서 부드러운 느낌을 준다.

자식을 낳아 열 살까지는 성장이 빠른 시기이기 때문에 성장에 힘을 써야 하고, 이십 대까지는 배우는데 힘을 써주고, 삼십 대에는 그들이 자립할 수 있도록 도와줘야 한다는 것을 늦게 깨우친 탓에 실천을 못 했다. 사십 대는 너희들이 돈을 모아야 자식들 뒤를 돌보고 늙어서 고생을 하지 않는다고 가르쳐주면서 열심히 일을 하라고 했다. 오십 대가 되면 그때까지 벌었던 돈을 자식들에게 학비다 결혼자금이다 해서 써버리기 때문이다.

육십 대에는 인생을 즐기다가 칠십 대에 이르면 잘 죽도록 노력해서 팔십 대 초에 깨끗이 죽을 수만 있다면 이게 내가 바라는 희망사항이다. 인간 수명 기껏해야 팔구십인데 평생 자기를 위하는 삶은 채 십 년이 안 되는 것 같아 마음이 씁쓸하다. 지금까지 노력한 결과를 스스로 평을 해본다면 육십 대에 이르러 내 인생을 즐긴 것 말고는 이뤄놓은 것이 별로 없다.

남들에게나 가족들에게 짐이 되지 않으려고 먹기 싫은 우유도 마시고 과일도 챙겨들고 아침드라마를 보면서 식사를 한다. 집 안팎을 치우고 나서 정원도 돌본다. 필요 없는 가지를 잘라주고 돌보면서 식물에게서 배우는 것도 많다. 남쪽을 향해 자라고 있는 식물과 북쪽을 향해 자라는 식물의 건강상태를 비교해 보면 눈에 띄게 다르다.

북쪽바람이 사람에게도 좋지 않기 때문에 북쪽을 향한 문이 좋지 않다는 이야기가 있는데 맞는 말인 것 같다. 물도 주고 손질을 하다 보면 금방 정오가 된다. 먹는 것에 별로 관심이 없는 나는 조상 때부터 하루에 식사를 두 번 먹는 습관을 들여왔다면 점심은 먹지 않아도 될 텐데 하는 생각이 든다. 점심식사는 감자로 하고 복지회관 차를 타고 여성복지회관에서 강의를 듣기 위해 강당으로 들어섰다.

빈틈없이 야무져 보이는 교수님의 강의가 머릿속에 쏙쏙 잘 들어온다. 노후에 자식들에게 돈을 다 주지 말고 지니고 있어야 건강도 지키고 노후가 행복할 수 있다고 한다. 서로 웃어가며 재미있게 듣다보면 두 시간이 금방 지나가고 만다. 집에 돌아오는 길에 재래시장에 들러 저녁 찬거리를 사고 시간 절약하려고 일주일 동안 필요한 물품도 같이 구입을 한다.

강의 시간에 즐거웠던 기분이 저녁 식사 후까지도 좋다. 남편이 묻는다.

"무슨 일이 그렇게 신나는 거요."

식사준비도 즐겁고 식사하는 시간도 즐겁고 재미있어 밥이 보약이라는 생각이 든다. 추억은 시간과 함께 쌓이고 추억들이 앞날을 밝혀주기도 하고 가로막기도 한다. 나쁜 추억은 스스로 갇히지 않으려고 털어버리고 좋은 추억만을 기억한다. 어떤 일을 하던 시간은 내가 고민하고 생각하는 모든 것을 해결하고 정리하고 포장을 해서 층층이 쌓아올린다. 내가 쌓아 올린 모든 것들을 늙으면 남들 앞에 풀어 놓아야 될 시기가 올 것이라고 생각한다.

양심에 거리낄 것이 없고 자랑스럽게 풀어놓아야 될 것 같은 생각이 든다. 그렇게 살기 위해서 모든 것을 긍정적 사고방식으로 처리 하고자 노력하고 애를 쓴다. 저녁을 먹고 가계부를 정리하고 수필을 쓰기 위해 적어둔 글을 수정하다 보면 어느새 자정이 된다. 오늘 있었던 모든 일을 배게 밑에 묻어두고 내일을 위해 잠자리에 든다.

# 나누와 민주의 우정

메일로 동영상이 들어와서 열어보니 개가 사람과 같이 리듬에 맞춰서 춤을 추고 있었다. 개의 춤솜씨가 사람을 능가하고 있었다. 얼마 후 TV를 보니 '세상에 이런 일이'란 프로에서 개들의 우정에 관해서 방송을 했다.

나누와 민주, 이 이름은 글을 쓰기 위해 내가 붙여준 것이다. 나누는 수캐이고 민주는 암캐다. 둘은 한 마을에서 오고가며 의좋은 형제처럼 정답게 살고 있었다. 나누와 민주를 기르는 주인들도 보기 드문 우정을 나누고 살아가는 이웃이었다.

그런데 나누의 집 주인이 전근이 되어 이사를 가게 되었다. 아침에 일어나면 자기 건강을 위해 기지개를 켜는 사람이 별로 없는데 개는 자고 나면 땅을 짚고 온몸을 늘리며 기지개를 두세 번 한다. 그렇게 하면 자연스럽게 온몸 스트레칭이 될 테고 혈액순환도 그만큼 좋아질 것이다. 그래서 사람보다 낫다는 말을 듣는지도 모르겠다.

이사 가는 날부터 나누가 이틀이 멀다하고 외도를 하는데 이것을 수상히 여긴 아주머니가 나누의 뒤를 살금살금 따라가 보니 전에 살던 마을로 민주를 만나기 위해 찾아가고 있었다. 2Km가 넘는 거리를 사람을 피하고 차들을 피해 횡단보도를 건너 민주를 찾아간다는 것은 쉬운 일이 아닐 텐데, 대단한 기억력이고 애정이다.

민주를 만나면 애정이 있다고 재미있게 노는 일도 없고 그저 그 옆에 앉아서 지켜볼 뿐 장난을 치거나 민주의 행동을 방해하는 일도 없다. 민주가 소시지를 혼자 먹어도 빼앗아 먹지도 않는다. 곁에서 지켜보는 나누가 가엽고 기특하고 딱해서 민주의 주인이 나누의 먹이도 따로 마련해 주기도 했다. 민주는 나이가 많다. 13살가량 되니 힘도 없고 늘 슬퍼 보이고 몸이 추하다. 사람들은 민주가 얼마 살 수 없을 것이라는 말을 한다. 누구에게 맞았는지는 몰라도 민주는 입도 돌아가서 밥도 잘 먹질 못 하고 보기에도 예쁘지 않다. 이런 아픔을 가진 민주가 죽을까봐 나누는 걱정이 되는지 밤이슬 맞으며 붙박이장이나 되는 것처럼 지켜보며 밤에도 갈 생각을 하지 않고 민주 곁을 지키다가 날이 샐 무렵이면 자기 집으로 간다. 이런 개를 보고 사람이 올바로 행동하지 못 할 때 개만도 못한 놈이란 말을 하는 가 보다. 인간이 개의 마음을 어찌 소상히 알까마는 개는 개대로 생각이 있고 느낌이 통하는 게 아닐까 하는 생각이 든다.

밤새 한숨도 자지 못하고 민주의 곁을 지키고 돌아온 나누가 졸음을 이기지 못하고 피로가 겹쳐 낮잠을 청하고 움직이지도 않는다. 그러다가도 날이 밝으면 민주를 찾아 나선다고 한다.

둘이 정답게 놀다가도 다른 개가 놀러오면 발 붙일 틈도 주지 않고 나누와 민주가 힘을 모아 쫓아내는 모습도 의좋은 형제처럼 환상적이다. 어떻게 말 못하는 짐승에게 저런 우정이 있을까? 내 친구는 20년 전 내가 자기가 싫어하는 친구와 가까이한다며 내 곁을 떠났다. 그때 내 마음은 모든 것을 잃은 것 같아 한동안 방황을 하기도 했다. 그 친구는 그렇게 내 곁을 떠났다. 그가 떠날 때 아끼던 지갑을 잃어버린 것처럼 마음이 텅 비고 안타까워 밥맛까지 뚝 떨어져 버렸던 경험이 있다. 별것 아닌 것으로 오래 전에 내 곁을 떠나버린 친구를 다시 한 번 생각나게 한다.

그런데 나누에게는 옛 이성친구가 있었다. 어느 날 갑자기 나누의 옛 친구가 나타나자 당황한 나누는 우정도 사랑도 둘 다 지키기 위해 민주의 곁을 살그머니 빠져나와 옛 친구를 따라가는 척 하다가 친구가 한눈파는 사이에 날 살려라 하고 도망쳐 민주를 향해 정신없이 달려간다. 나누가 옛 친구를 따라가는 것을 보고 민주가 뒤를 따라 쫓다가 서로 만나자 기쁜 기색을 하고 둘이는 멀리 숨어 버렸다.

나는 이 나이가 되도록 살아오면서도 그토록 진한 우정을 나누는 친구를 만들지 못했다. 개라고는 하지만 나는 그들의 우정이 정말 부럽다. 사람을 감동시키는 나누와 민주가 오래오래 우정을 지키며 살아가기를 바란다.

# 옛 추억이 그립다

크리스마스이브다. 함박눈이 펑펑 쏟아져 소나무에도 대나무에도 최고의 눈꽃이 피어 크리스마스이브를 더욱 뜻깊게 만든다. 강아지도 좋다고 동산 위 눈밭을 뛰어다니고, 땔감걱정을 하는 아버지는 허벅지까지 빠지는 눈길이 두려워 누가 눈길을 내어주기를 기다리던 광경을 지켜본 적이 있다. 오막살이 우리 초가 지붕 위에도 담장 위에도 눈이 소복소복 내려 참새들이 먹을 것을 찾질 못해 헤맬 때면 초등학교에 다니는 오빠는 잠을 설쳐가며 이때다 싶어 참새먹이로 수수를 달은 새덫을 눈 위에 놓고 기다렸다. 참새가 눈 속에서 먹이를 찾지 못하고 다니다 덫에 달린 먹이를 물어

당기면 새가 백발백중 치었다.

그렇게 참새를 잡으면 소죽 끓이는 불에 구워먹기도 했다. 저녁이면 오빠는 손전등을 들고 사다리에 올라가서 추위를 피해 초가지붕 추녀 속으로 잠을 자려고 들어가는 참새를 지키고 있다가 손을 넣어 잡아내서는 아침 소죽 불에 구워주었다. 새 다리뼈까지 조근조근 씹어 먹던 그 맛이 지금 생각해도 군침이 고이고 미련이 남아 어린 시절이 그립다. 부엌에서 가무잡잡한 앞치마를 걸치고 설거지를 하시던 어머니가 밖을 내다보시고 여식이 새고기를 먹으면 그릇을 잘 깬다며 난색을 하곤 했다.

어머니의 젊은 시절도 생각이 난다. 6·25가 일어나기 전후엔 전기가 시골까지 들어오지 않아서 호롱불을 밝히고 생활을 했다. 석유도 넉넉지 않아 불을 마음대로 켜놓고 살지 못했고 석유는 유리병에 넣고 썼는데, 부모님은 석유 다 써버린다며 일찍 자라고 늘 주의를 주셨다. 한번은 호롱불을 켜놓고 석유를 붓다가 그만 병에 불이 옮겨 붙는 바람에 병을 방바닥에다 내버려 방에 불이 났다. 어머니가 이불로 불을 덮어놓으면 불이 안 보이고 이불을 들추면 다시 살아나 그만 방에다 불을 내고 말았다.

뒷집에서도 석유를 호롱불에 따르다 불을 내서 외동딸 얼굴에 화상을 입어 결혼할 나이가 되었는데 혼사길이 막혀 몇 번이나 수술을 한 후에 겨우 결혼을 시켰다는 말을 들었다. 석유와 휘발

유가 같이 혼합되어 나오던 시절이라 불을 켜고 기름을 따르는 것은 피할 수 없는 화재의 원인이 되었다. 석유는 반드시 낮에 따라 넣든지 아니면 손전등을 켜고 따라야 했다. 지금은 전기불도 어둡다고 하는데 반딧불 크기만한 호롱불을 켜놓고 어머니는 늘 베틀에 앉아 베를 짜고 나는 베틀 아래에 앉아 공부를 했다. 그래도 그때는 호롱불이 어둡다고 불만을 털어놓은 적은 한 번도 없었다.

지금은 리모컨 하나로 작동하는 세상이지만 그 어렵고 힘든 일을 하면서 살아온 어머니와의 추억을 생각하면 웃음이 나고 그때로 돌아가고 싶어진다. 보리고개라는 3~4월은 살기가 정말 힘든 시기였다. 힘들고 어려운 시절이었지만 부모님의 사랑이 있었고 많은 형제들이 부딪쳐가며 둘러앉아 세끼 식사를 같이 하면서 한 수저라도 더 먹으려고 형제간에 눈치를 보고 살았다. 그래서 서로의 마음을 더 잘 알 수 있었고 그 속에서 끈끈한 정이 키워졌던 것 같다.

맏언니와 맏오빠는 부모님이 계시지 않는 날엔 부모님 역을 훌륭히 해냈다. 지금은 형제도 없이 혼자인 자녀가 많고 형제가 있다고 해도 사는 것이 바쁘고 하는 일이 다르고 많아서 부모와 형제들이 같이 할 수 있는 시간이 별로 많지 않다. 산업사회다, 통신사회다 하며 어머니가 자녀를 데리고 외국으로 가고 아버지만 혼자 남아 기러기 아빠라 불리는 아버지들도 많다고 한다. 가족이 모두

한 집에 산다고 하더라도 자기의 방이 따로 있어 제 방으로 들어가 무엇을 하는지도 모른다.

나홀로 자녀도 생겨나 안타깝게 생각한다. 요즈음은 처녀 총각이 일에 쫓기어 결혼할 생각을 못하는가 하면 학자금이 부담스러워 아이를 낳으려 하지 않고 힘들면 어른들이 가정을 버리고 아버지는 아버지대로 어머니는 어머니대로 떠나고 소녀 소년 가장이 늘어나 정부에서 그들을 떠맡아야 하는가 하면 노인들까지 황혼이혼이라나 뭐라나 하고 있어 나라의 앞날이 어둡기만 하다.

요즈음 길거리에서 아이를 보기가 어렵고 임산부 보기가 정말 어렵다. 우리가 새댁이 적에는 길에 나가면 임산부를 어렵잖게 만날 수 있었는데 지금은 간혹 애기를 업고 다니는 젊은이는 대다수가 다문화가족이다. 이 모두가 기성세대들의 책임이다. 옛날 우리 어머니들은 아무리 어렵고 힘들어도 자식 버릴 생각은 하지 않으셨다. 그래서 나는 어머니가 고맙다. 좋은 학벌을 가져야 좋은 직장을 가질 수 있는 우리 사회가 이렇게 만든 것이다. 학벌이 없어도 능력을 인정하고 사람의 인격을 존중하는 사회가 바탕이 되어야 한다. 자녀학비 때문에 평생을 바치는 일에서 해방되어야 하고 자식을 키우는데 부담을 느끼지 않고 살아갈 수 있는 사회가 되도록 국가가 나서야 한다. 살아가는데 자식이 짐이 되지 않아야 젊은 사람들이 자녀를 낳으려 할 것이다.

# 어버이날

산중턱 아카시나무에서 품어내는 향이 온 동네를 가득 채운다. 영동에서 학창시절을 보내고 충청도 어리석고 순진한 처녀가 경상도로 시집을 오니 영동과 김천은 경계선인데도 전혀 다른 나라로 온 것처럼 생활전체가 낯설었다.

소주 한 병과 카네이션 몇 송이를 들고 남편과 같이 승용차를 타고 아버지 산소를 찾아 갔다. 아버지 묘는 산등성이에 있기 때문에 여름은 시원하지만 겨울에는 찬바람이 심한 편이라 춥다. 지금은 춥지도 덥지도 않은 오월이라 나들이하기엔 딱 좋은 날이다.

아버지 묘 앞에 꿇어 앉아 아버지를 생각하는데 아버지가 막내

딸 사는 게 궁금하실 것 같다.

"아버지 가르쳐 주신대로 잘 살아가고 있어요. 그런데 요즘 걱정거리가 있어요. 아버지 사위가 건강하지 못한 걸요. 열심히 치료는 받고 있지만 안타깝게도 때를 놓친 것 같아요."

아버지께서는 속정은 많을지 몰라도 겉으로는 전혀 표현을 안 하신다. 그러면서도 막내에게는 각별한 사랑을 주셨다. 등대가 바다를 비추듯이 말없이 자식 잘 되기만을 뒤에서 지켜봐주시던 아버지, 세상 떠나실 때 눈 쌓인 한적한 산골 엄동설한에 모셔놓고 산목숨 어찌 할 수 없어 집으로 돌아오던 그날을 잊지 못하고 가슴에 묻어두고 살아 왔다.

운명하시기 며칠 전 아버지 병문안을 갔다. 떨리고 앉아 있기도 힘든 몸을 하고서도 사위의 손을 꼭 잡아주시며 말씀하실 때 이미 아버지의 눈동자는 풀어져 있고 그 눈동자 위로 눈물이 흐르고 있었다. 들릴까 말까한 목소리로

"나는 세상을 잘 알지 못했고 보람있게 살지도 못했다. 너희들은 나보다 좋은 세상을 만났으니 아이들 잘 키우고 행복하고 보람있게 살아라."

하셨는데 그 말씀이 유언이 될 줄은 몰랐다.

돌아가시기 전 아버지를 찾아갔을 때

"부부란 젓가락과 같아서 두 개가 같이 움직여야지 맡은 일을

잘하지 하나만 남으면 있으나마나한 물건이다. 같이 움직이고 서로 도우며 힘을 합쳐서 아이들 잘 키우고 행복해라. 사람이란 어떤 일이고 본인이 겪지 않으면 깨닫지 못하는 것 같다. 나도 이 나이까지 깨닫지 못하고 살아왔기 때문에 쉽게 왔을 길도 어렵게 돌아서 살아 온 것 같다. 너의 어머니와 50년 넘게 살아오면서 실천하려고 많은 노력을 했었지만 지키지 못하고 힘들게 할 때도 많았고 남편으로서 가장으로서 도리를 다하지 못했다."

하셨는데 그때는 아버지 말씀을 그냥 그렇게 넘겨버리고 살았다. 그런데 살아가면서 그 말씀들이 맞다는 생각이 들 때가 많았다. 어려운 세상 살다보면 부부가 서로를 이해하지 못하고 경쟁자인양 서로 자존심 세우다 화해할 기회를 놓쳐버리고 힘들고 아프게 한다.

아버지의 간곡한 마지막 말씀이 발목을 잡아 몸을 가시가 찌르듯 아팠다. 가슴이 터질 것 같이 답답해도 모든 것 다 버리고 죽고 싶을 때도 남들이 알까 두렵고 자존심 상하고 자식들 기죽어 살까봐 어미 없는 자식이라는 말 듣게 될까봐 어려운 일 너무 많았지만 한 쌍의 젓가락이 되기 위해서 노력을 했었다. 부러질까 두렵고 잊어버릴까 두려워 힘들고 지칠 때도 지혜롭게 넘기려고 그이와 같이 설악산에 가서 오붓하게 쉬고 왔다.

1992년 7월 남편이 간염에 걸려 자연식품으로 몸을 다스려왔는데 몸에 한계가 왔는지 2004년 7월에 간암 시술을 받고 힘들게 보내고 있다. 그래도 막내가 결혼은 해야 우리 부부가 할 일을 다 했다고 할 텐데 그이의 건강이 따라 줄 것 같지 않다. 남편은 쓸모없는 한쪽 젓가락만 남기고 가게 될까봐 두려워서 먹고 싶은 술도 먹지 않고 만나고 싶은 친구도 만나지 못하고 참고 힘들게 살아가고 있다. 전국에 있는 큰 병원 몇 군데를 가봤지만 같은 말을 하면서 간이식을 하라고 해서 그이도 나도 포기하고 있다. 남편의 나이가 적지 않은데다 수술을 한다고 해도 가족 중에서 맞는 혈액형이 없고 간을 선뜻 내줄 사람이 없기 때문에 오래 살 수 있는 보장이 안 되어서 포기상태다. 아버지는 한 쌍의 젓가락이 되어 평생을 같이 하라 하셨는데 짝 없는 젓가락이 된다면 어떻게 이 힘든 세상을 살아야 되는지 두렵기만 하다.

아버지께서 절대로 나를 쓸모없는 한 짝의 젓가락으로 남게 하지는 않으실 텐데, '하늘이 무너져도 그런 일은 없을 것이다' 라고 말씀해 주셨으면 좋겠다. 아버지께서 그렇게 해 주시리라 믿고 암이라는 도둑과 열심히 싸워서 쫓아버리고 그이와 더 강한 한 쌍의 젓가락으로 아버지 뜻을 받들고 싶다.

병들고 힘없고 가난하고 추위에 떨고 있는 사람들과 같이 할 수 있는 두 개의 평행선 철길이 되어 남은 생을 보람 있게 살다가 아버지께서 가신 길로 찾아가겠으니 당신 막내딸의 막내자식 결혼할 때까지라도 버틸 수 있도록 도와주십시오. 아버지, 보고 싶습니다.

# 정 없는 부부

커튼 만들 천을 사기 위해 아침 일찍 기차를 타고 대구역에 내렸다. 대구 서문시장에 갈 생각이다. 입춘이 벌써 지났는데 피부를 스쳐가는 체감온도는 차갑게만 느껴진다. 지하철을 타려다 얼마 전 대구 지하철 참사로 온 국민이 놀라 분노하고 가슴 아파했던 기억이 주마등처럼 다가와 그냥 인도로 무작정 걸었다.

멋지게 생긴 중년의 남녀가 앞서가고 뒤서가며 숨가쁘게 걸어가고 있다. 그들도 나만큼이나 바쁜 모양이다. 요즈음은 아이들까지 바쁘다. 그분들 뒤를 내가 따라가고 있다. 뒤를 따라가던 부인이 먼 산을 봤는지 아니면 무슨 생각에 정신을 빼앗겼는지 발이 그만 보도블록에 걸려 치마를 뒤집어쓰고 앞으로 넘어졌다.

들고 가던 쇼핑백이 핑 앞으로 날아가면서 앞서가던 남자의 등을 쳤다. 아주머니는 내가 보는 것이 쑥스러운지 치마를 쓸어내리며 뒤를 돌아보고 웃어 보인다. 그런데 발목이 삐었는지 일어나지를 못한다. 당연히 아저씨가 달려와 일으켜 주겠지 생각했는데 걸음을 멈춘 채 뒤를 돌아다보며 눈을 부라리고 욕설을 하더니 냉정하게 쇼핑백을 다시 던져주고 아무 일도 없다는 듯 가던 길을 가고 있다.

그때까지 나는 그들이 부부라고는 상상도 못했다. 내가 달려가 털어주고 "괜찮으셔요?" 물으니 대답 대신 웃으며 아무 일도 없었다는 듯이 허둥지둥 남편의 뒤를 따라간다. 나는 그분들과 다른 방향으로 한참을 가면서 같은 여자의 입장에서 분노가 치솟았다. 머리는 복잡해지고 많은 상상 속으로 파고든다. 생명이 있는 것은 먹어야 하고 먹으면 찌꺼기를 배설하게 되어있다. 나는 사람이 하는 말도 입속에서 걸러서 밖으로 내보내야 실수를 하지 않는다고 생각한다. 무엇이고 거르면 앙금이 생기는데 말의 찌꺼기는 욕이라고 본다.

욕은 무슨 일이 있어도 내 안에서 삭이고 걸러서 입으로 뱉지 말고 다른 찌꺼기와 함께 아래로 배설시키는 훈련이 사람에게 필요하다고 느낀다. 몸이 더러우면 씻으려 하고 옷이 더러우면 빨아 입으려 하는 것이 사람인데 왜 입으로 깨끗한 것만 먹고 더러운 말을 하는지 무엇이 우리 속에 더러운 말을 키워 신선한 입으로 상대방을 열 받게 하는지 모르겠다. 그 사람의 인격과 삶의 질이 걱정이 된다.

사람은 꼭 있어야할 사람과 있어서는 안 될 사람 있으며 있으나 마나한 사람이 있다고 했다. 사람들에게 없어야 될 사람이란 말을 듣는다면 살아가야 할 이유가 어디에 있단 말인가? 부부란 과연 무엇인가, 서로 모자라는 부분을 대신해주고 어려울 때 보살펴주며 아픈 마음 다독여주고 즐거울 때 같이 웃어주며 몸은 한 몸이고 머리는 둘로 되어 있는 콩나물처럼 살아 가야하는데 마음을 비우고 상대방이 들어올 수 있는 공간을 남겨 두어야 한다. 그러기 위해서는 부부 사이에 사랑이 밑바탕이 되고 인정이 오고가야 될 게 아닌가?

"절중에 가장 좋은 절이 친절이다." 라고 한 법정 스님이 생각난다. 맹인의 눈에도 보이고 귀머거리 귀에도 친절은 들린다고 하니 친절과 사랑이 없으면 보이지도 들리지도 않을 것이다.

부부생활 속에서 가장 큰 고통은 내 틀 안에 상대를 가두려는 마음이다. 부부간에 사랑이 있다면 집착하고 소유하고자 하는 마음을 줄이고 자기가 원하는 사람으로 만들려 애쓰는 지나친 욕심을 덜어 내야 한다. 부부란 한 몸을 이루며 살아가면서 두 사람의 존재가 각각 살아있는 삶이 진정한 삶이라고 생각한다. 이런저런 생각을 하다 보니 지루하지 않게 서문시장 입구에 도착했다. 가게마다 걸려있는 화려한 천들이 모두를 갖고 싶다는 생각이 들게 한다. 예쁘다 싶으면 가격이 만만치가 않았다.

손님을 한 사람이라도 더 잡으려는 가게주인 아주머니들이 불러대며 길을 막아 빠져나가기가 힘이 든다. 빨리 빠져 나가야 되겠다는 생각이 들어 돈 액수에 맞게 챙겨 들고 기차를 타고 김천역에 내렸다. 천이 무거워서 집에 전화를 해서 그이를 나오게 했다.

남편은 왜 이런 짓을 해서 힘들게 하냐며 경상도 토박이말로 몇 마디 쏘아붙인다. 그것은 꾸지람이 아닌 애정이라 생각하니 우리는 서로 아끼는 마음으로 웃을 수가 있었다. 천을 잘라 커튼을 열심히 만들다보니 한여름 더위도 지치지 않고 넘겼다.

지금 걸려 있는 커튼을 바라보면 그때 서문시장에 천을 뜨러 갈 때 만났던 그 부부가 생각이 난다.

# 생명은 내 것이 아니다

전라도 쪽에 밤새 눈이 많이 내려 길이 막혔다는 뉴스가 들린다. 지난번에 내린 눈이 채 녹지도 않았는데 또 많은 눈이 내려 농작물은 물론이고 축사까지도 망가졌다. 얼마 전엔 광우병이다 조류독감이다 해서 피해를 주더니 오래된 집이 눈의 무게를 이기지 못하고 무너져 사람들은 손을 쓰지 못하고 자다가도 벌떡 일어나 시름에 빠져 한숨짓는다. 힘든 이 분들의 일손을 돕기 위해 전국에서 자원봉사자들이 제 할 일 제쳐 놓고 몰려가고 전국민들이 십시일반으로 성금도 모으고 있다.

아침에 자고나니 가축의 죽음을 안타깝게 여겨 참다 못해 한

농부가 자살했다는 안타까운 뉴스가 들린다. 2005년처럼 자기 목숨을 자기가 끊는 해도 없는 것 같다. 사람 목숨을 이처럼 가볍게 여기는 사람들이 많아진다는 것은 가슴 아픈 일이다. 삶이 아무리 힘들고 고달프지만 참고 살다보면 좋은 날 있을 거라 믿고 숙명처럼 받아들이며 살면 될 것인데 순간을 참지 못하고 부모의 가슴을 도려낸다.

엄마가 세상에서 제일인 양 믿고 따르는 자식들이 무슨 잘못이 있다고 인간의 존엄성을 깨닫지 못하고 자기 마음대로 자기 목숨을 끊으면 어린 자녀들이 어떻게 살라고 자식들을 버리고 떠나는지…. 삶을 저버린 젊은이들의 소식을 대할 때마다 가슴이 아프다.

내가 다니는 길목 뒤로 도서관이 있고 맹인들이 모여 사는 아담한 집 한 채가 있다. 성당에 갈 적마다 그 집 앞을 지나간다. 그럴 적마다 많은 것을 느끼고 어떤 때는 정말 가슴 아프고 그들 보기가 부끄러울 때가 있다. 나는 그들에게 비하면 복이 많고 가진 것도 많다. 그들을 볼 적마다 가진 것에 대해 감사하다는 말이 절로 나온다. 그분들은 흰 지팡이 하나에 자기 몸을 맡기고 순수한 마음으로 우리가 보기엔 내가 하루라도 햇빛을 볼 수만 있다면 하는 아무것도 아닌 희망 하나를 생각하고 있을 뿐 많은 욕심을 갖거나 누구를 해롭게 한다는 것은 꿈도 꾸지 않는다.

일요일이면 시각장애자 대여섯 명이 대문 앞에 나와 교회에서

운행하는 차를 기다리면서 이야기하는데 그들은 소리만 들을 뿐 눈으로 보지 못하니까 한 사람은 서쪽을 한 사람은 동쪽을 보고 서로 등을 대고 서서 서로의 안부부터 묻기도 하고 사회 돌아가는 뉴스를 TV에서 들은 대로 이야기를 주고받으며 입가에 밝은 미소를 짓는다. 앞이 안 보이는데 뒤를 보면 어떻고 옆을 보고 있으면 어떠랴. 그분들의 표정은 마치 구름을 뒤집고 나온 태양처럼 밝기만 하다.

서있는 모습이 우습기는 하지만 보는 내 가슴이 아프다. 서로가 등을 대고 동쪽과 서쪽 북쪽과 남쪽을 바라보며 보이지 않는 것을 상상을 하면서 웃는다. 어떤 때는 코가 맞닿도록 붙어 있어도 모르고 어떤 때는 이야기하기엔 너무 먼 거리를 두고 서서 이야기를 해도 다른 방향 다른 거리에서 하는 이야기들이 한 곳으로 모여드는 것 같았다. 그들의 말 속에는 애정이 있고 협동정신이 있다. 때로는 두 분 다 앞을 보지 못하는데도 서로 손을 잡고 길을 걷기도 한다.

그들과 같이 집으로 향할 때가 있는데 자기 집을 기역 자로 꺾어 10m 가량 들어가야 하는데 방향을 틀어 집으로 향하는 발길이 한 치도 어긋남이 없다. 그분들에겐 아무런 사심도 없어 보인다. 욕심이 있다면 한쪽 눈이라도 볼 수 있다면 하는 것이 그분들의 간절한 희망이고 꿈일 것이다. 우리는 많은 것을 가지고 살아가면서도 소중함을 잊고 살아갈 때가 많은 것이 그분들 앞에서 부끄럽고 다른 점이다.

가지지 못한 사람 입장에 서서 자기를 돌아다본다면 자기가 가진 것이 얼마나 소중한 것인지 금방 알게 된다. 자신의 값어치를 모르고 자기 목숨을 스스로 끊는 사람이 많다. 목숨을 끊는 사람에게 해주고 싶은 말이 많다.

추운 겨울, 눈이 쌓이면 굶주림에 떨고 있는 동물도 많으며 여름이면 타들어가는 식물도 곤욕스러움을 참으면서 자기 생명을 지켜 가는데, 발과 손이 자유롭게 움직이고 생각이 자유롭게 돌아가는 사람이 생명을 끊는 일은 없어야 되지 않겠는가? 다 빠져 나왔다 싶으면 다시 빠져 들어가는 곤욕스런 생활이 40년간 계속되면서 나를 더 단단하게 만들었다. 사람은 날 때부터 고통을 선물로 받고 태어났다고 하지 않는가?

주님께서는 누구에게나 덜도 더도 주지 않고 이것이 아니면 저것으로 같은 복을 주셨지만 당사자가 '찾아 가면서 노력하면서' 살도록 만드셨다고 하니 세상을 향해 원망을 하지도 말고 부모님 탓도 말고 흘러가는 세월 속에 묻혀 굴러 가다보면 짧고도 아쉽게 끝나는 인생이 아닌가 싶다. 목숨이 자기 것이라고 여러 사람 가슴 아프게 생목숨 끊는 일은 없어야 하겠다.

오래 전부터 눈이 잘 보이지 않아 돋보기 없으면 자신감이 없다. 거의 절반은 일을 할 수가 없다. 그래서 내게는 돋보기가 재산 목록 제1호요, 가장 고마운 존재다. 이것을 만든 분이 누구인지 나는 모른다. 그러나 늘 그 분께 고마움을 느끼며 당신 때문에 내가 행복하게 살아 갈 수 있다고 전하고 있다. 나는 참으로 행복한 사람이다. 돋보기를 갖고도 쓸 수 없는 맹인들에게 돋보기란 하찮은 쓰레기에 불과하지만 나에게는 잠시도 없으면 안 되는 보물 1호로 존재한다. 나에겐 네 개의 눈이 될 수 있고 보물이 될 수 있으며 삶의 희망이 될 수 있는 돋보기다. 세상에 그보다 귀한 것이 없다고 말하고 싶다. 남이 버리는 것도 어떤 사람에게는 큰 재산이 될 수 있고 생명을 구해 낼 수도 있다는 것을 알고 눈에 보이는 것 귀로 듣는 것 모든 것에 감사하고 소중히 여기며 살아야 한다고 자식들에게 세상 사람들에게 말하고 있다.

# 딸의 임신 소식

모든 사물은 나를 중심으로 보이나 보다. 정원에 있는 화초들은 저마다의 개성을 지니고 예쁜데도 마음이 착잡하고 즐겁지 않으니 오늘따라 아름다워 보이지 않는다. 이런 내 마음이 화초들에게 전해질까 두렵다. 이럴 때는 나도 모르게 순간적으로 전지가위를 손에 들고 생각 없이 정원수를 잘라버리는 못된 버릇이 있다. 나무를 맥없이 바라보고 앉아있던 나는 아니나 다를까 전지가위를 손에 쥐었다.

주목 가지를 자를 시기가 아닌데 무참히 잘라버렸다. 주목은 영문도 모르고 피해를 입었지만 억울해도 식물이기 때문에 불평을 못하고 받아 주고 있다. 식물은 언제나 내 감정을 받아 주고 위로 해 준다. 인생사 마음대로 되지 않고 그렇다고 아무나 잡고 털어놓을 수도 없다. 고민을 풀어놓지 못하고 세상살이 가슴에 품고 병을 키우며 살아가는 게 사람이 아닐까?

딸아이 결혼하고 삼 년 만에 딸 하나 달랑 낳아놓고 스트레스가 심한지 아이가 생기지 않아 팔 년을 고민하는 것을 보면서 사돈 대하기가 죄인처럼 두려웠는데 오늘 죽을 것 같은 내 기분을 딸이 어떻게 알았는지 힘찬 전화벨이 울리고 물줄기처럼 시원한 딸의 음성이 들려왔다.

"엄마, 아이인가 봐."

이 한마디 얼마나 기다리고 기다렸던 음성인가. 살 속 깊이 파고드는 더위에도 모든 괴로움이 구름처럼 흘러가는 순간이다. 이 기쁜 소식을 남편에게 전할 여유도 없이 은행에 가서 돈을 찾아가지고 새마을호를 타고 점심도 잊은 채 딸집으로 내달렸다. 이것저것 힘 자라는 대로 사들고 들어가 많이 먹기를 권했다. 저녁이 되자 딸은 엄마와 자겠다며 베개를 들고 내 곁에 와서 누워버린다.

"수연아, 힘들더라도 태교만은 철저히 해라."

"엄마, 아이는 날 때부터 복을 타고 나며 인간은 팔자대로 살다 가는 거래요. 걱정 마셔요."

하며 말을 잘라버린다. 내 생각은 다르다. 모든 물건을 만들 때

많은 생각을 하고 정성을 다하지 않고는 제대로 된 물건을 만들 수 없고 잘못 된 물건은 사용자가 불편을 느끼며 만든 사람을 원망하게 된다. 그 물건은 불량품이 되어 물건으로서의 가치를 잃어버리게 되고 사람도 마찬가지다. 가장 소중한 생명을 만들어 사회에 내놓고 남들과 더불어 살아야 하는데 인간을 만들면서 될 대로 되라 하는 태도는 작품을 만드는 사람의 기본자세가 아니다. 남녀가 밤을 같이하면서 그 당시 씨가 뿌려져 후손이 자란다는 것을 잊은 채 밤을 보내게 되는데 젊은이라면 그 순간 씨가 떨어져 열매가 될 수 있다는 생각을 잊어서는 안 된다.

하찮은 제품하나도 눈으로 보고 손으로 정성을 다해도 자기 생각대로 만들어지지 않는 것인데 눈에 보이지 않는 곳에서 손도 대지 않고 낮도 아닌 밤중에 불도 밝히지 않고 눈으로 보지도 않고 세상에 수억 개의 제품중 하나뿐인 인간을 만들면서 심혈을 다하지 않는다면 믿을 수 있는 제품이 만들어지겠니? 우수한 제품을 만들고 싶다면 마음으로나마 정성을 다하고 착하고 쓸모 있는 사람을 달라고 최면을 걸고 복을 빌어 넣어야 복을 많이 가진 훌륭한 아이가 태어나지 않겠는가. 사회에 있으나 마나한 사람이 되든지 있어서는 안 될 아이가 태어나면 안 될 것이다. 이야기 하다 보니 밤이 깊었다.

부부가 사랑이 풍부하고 서로 고마워하며 열심히 살아가는 집

자식들은 부모에게 효도하고 잘 풀리지만 부부가 서로 원망하면서 싸우고 미워하며 남편이 밖에 나가 해서는 안 될 짓하고 아내가 가정을 돌보지 않는 그런 부부 사이에서 아이가 생긴다면 그 아이가 축복은 고사하고 사회에 있어서는 안 될 아이로 자라나 범죄인이 되는 경우도 반세기동안 나는 많이 보아왔다.

"옛말에 임신 중 남의 것을 가져오면 아이가 도둑이 된다는 말이 바로 이런 뜻이 아닐까 싶다. 내 말을 명심해서 네 아이가 사회에 공을 세울 수 있는 사회에서 꼭 필요한 사람으로 만들어봐라."

신중히 당부를 하고 딸에게 짐이 될까봐 하루 밤만 지내고 쏜살같이 내 고향 김천으로 향했다. 차창 밖에 펼쳐진 황금들판을 바라보니 내 마음은 근심도 힘든 것도 다 달아났다 .이제부터 나는 즐거운 마음으로 기를 쫙 펴고 살아갈 것 같다. 들에는 풍년을 약속하는 오곡들이 황금빛으로 물들어 눈을 즐겁게 해준다.

# 4부

하루를 잘 살면 건강은 보너스/ 자연사랑연합회 조류 탐사
사랑받지 못한 세포의 반란/ 즐거운 가을 나들이/ 바쁘다 바빠
힘들 때면 떠오르는 사람/ 빈 둥지/ 새로운 각오
행복하게 살고 있는가?/ 착각 속에 살고 있다

# 하루를 잘 살면 건강은 보너스

담쟁이덩굴이 여름 내 지칠 줄 모르고 담벼락을 기어오르더니 가을 문턱에 들어서자 양 볼을 빨갛게 물들이고 있다. 여름철 장맛비 맞고 태풍에 시달리며 푸르기만 하던 감도 어느덧 소담스레 빨갛게 익어 자기 몸 무거워 가누지 못하고 지주대에 의지하고 서서 눈길을 끈다.

지금의 나도 풋감처럼 떫은맛이 단맛으로 변해 있는지 잠시 돌아다 본다. 나이로 봐서는 분명 단맛이 들었을 나이다. 그러나 어려운 일에 부딪치거나 부부간에 의견의 일치를 보지 못 할 때면 나는 아직도 풋감의 떫은맛을 그대로 간직하고 있다는 것을 느낄 수 있다.

어느 교수의 일, 십, 백, 천을 염두에 두고 살아가야 한다는 말이 생각이 난다. 일은 하루에 한번 변을 봐야 하고, 십은 하루에 열 사람 이상 만나야 하며, 백은 하루에 백자 이상 글을 써야 하고, 천은 하루에 천 자 이상 글을 읽어야 하며, 만은 하루에 만 보 이상 걸어야 몸과 마음이 건강한 삶을 살아 갈 수 있다고 열심히 설명하고 여성은 여성스러워야 되며 나이 든 후에도 마찬가지라고 했다.

내 생이 얼마나 남았는지는 모르지만 교수님 말씀을 생활에 옮겨 자식이나 이웃에게 피해주지 않고 즐거운 마음으로 살기 위해 노력을 한다. 일 주일을 주기로 토요일 일요일을 제외한 월요일부터 금요일까지 오후 2시부터 4시까지 IT 공부를 하고, 화요일 노래교실, 금요일 시 창작교실도 다니며 틈틈이 가까운 시립도서관에 들러 좋은 책을 가까이 할 수 있어 좋다.

달빛이 곱게 내려앉는 뜰에 앉아 자연과 마주보며 대화를 나누는 것도 즐겁다. 사람은 사람에게 거짓말을 하지만 식물은 거짓이 없고 사람을 속이지 않는다. 그 때가 가장 행복하고 즐거운 시간이다. 나무 앞에 앉아 있으면 나무는 나에게 삶의 지혜를 가르쳐 주고 내 몸에서는 좋은 에너지가 형성되는 느낌을 받는다. 식물이 사람의 마음을 읽고 위로를 준다는 것을 겪어본 사람이 아니면 알 수 없다. 나무 앞에 인간은 숙연해질 수밖에 없다. 메말라 가는 인심, 나만을 위해 살아가는 사람들에게 서로 상부상조하지 않으면 살기 힘들어진다는 것을 말해주고 때때로 나를 부끄럽게 만들기도 한다. 나무는 옆자리가 비어 있으면 넓게 자리를 잡고 좁으면 옆자리 식물을 위해 자리를 양보하는 아량도 있어 미처 생각지 못한 양보심을 배우기도 한다.

뿌리가 뒤엉켜 한 몸을 이루는 것을 보고 참을성을 배운다. 참깨를 심을 때 씨앗을 적게 심으면 잘 나지 않지만 많이 넣고 심으면 틀림없이 잘 나온다. 다져진 흙을 작은 깨알이지만 여럿이 밀고 올라오면 흙을 뚫기가 쉽기 때문이다 그래서 사람도 협동하면 뜻을 이루기가 쉽다는 것을 알려준다.

친구들과 전화하는 시간도 하루 일과 중 하나다. 뚜렷한 이유도 없는데 허전하고 외로워 일의 능률이 오르지 않을 때는 친구와 전화로 뉴스를 들었던 것이며 식물이 자라는 이야기를 하다보면 에너지 충전이 되는 느낌이 든다. 살아가는 모습이 모두가 다르고 음성이 다른 것처럼 다른 생각을 가지고 살아가는 우리들 요즈음은 웃고 사는 것이 행복의 근원이고 건강의 기초라고 하니 많이 웃기 위해 노력하고 웃기 싫어도 억지로 웃으려고 애를 쓴다.

# 자연사랑연합회 조류 탐사

이른 봄날이다. 아침 일찍 자연사랑연합회 회원 십여 명은 할머니바위와 할아버지바위가 있는 황금폭포쉼터에 모여 탐사 코스에 대해 간단한 설명을 들었다. 감천냇가의 청둥오리를 살펴보고 강변공원 직지천의 오리 떼를 살펴본 후 공원쉼터에서 간식을 먹고 농소면 봉곡리 왜가리 서식지를 탐사하기 위해 두 대의 차에 나누어 타고 길을 떠났다. 하늘은 맑고 고요해 나들이하기에 적합하다.

올겨울은 기상이변으로 기온이 높아 입춘이 지나고 2월말인데도 따뜻한 탓에 봄나물 달래는 물론이고 광대나물이 방천 둑 언덕에 연보라 꽃을 피우고 있었다. 감천 백사장 모래 위에 따뜻한 햇볕을 받으며 깃을 접고 옹기종기 누워 휴식을 즐기는 청둥오리 떼를 만날 수 있었다.

일행 중 한사람이 입가에는 가벼운 미소를 지으며 내 귀에 대고 "형님 나 청둥오리 고기 먹어봤어요. 그런데 집오리보다 더 맛이 있었어요."한다.

"그랬어? 나는 청둥오리고기는 먹지 못하는 줄 알았는데." 대답했지만 속으로는 고약한 사람 왜 청둥오리를 잡아먹어 하는 생각이 들었다. 우리는 학교 선생님이 가져온 망원경을 일렬로 서서 들여다 보며 청둥오리의 아름답고 화려한 깃털에 다른 새에서 느낄 수 없는 매력에 대해 서로 이야기 했다. 오리들이 먹이를 찾아 잠수도 하며 쌍을 지어 도란도란 노닐고 있는 모습에서 부부가 일터로 나가는 정다운 농부의 모습을 그려 볼 수가 있었다.

우리나라는 사계절이 뚜렷하고 자연이 아름다워서 계절에 따라 철새와 텃새들의 좋은 서식처가 되어 있다. 국경을 초월하여 창공을 유유히 날아 우리나라를 찾아온 겨울철새는 겨울이 지나고 나면 고향으로 돌아갔다가 겨울이 오면 또다시 찾아 온다.

새들은 우리 주변 어디에서나 만날 수 있지만 이제까지 무관심속에서 보아온 나를 다시 돌아보게 한다. 오늘 망원경을 통해서 본 새는 사뭇 다른 모습들이다. 새들은 늘 사람들을 경계하고 민첩하게 행동하므로 사람들은 새를 가까이 하기가 쉽지 않다. 옷도

새를 자극할 수 있는 화려한 색은 피해야 한다.

각 지역마다 자연보호 운동가들이나 지역애호가들이 자연을 보호하고 죽어가는 땅 살리기, 푸른 녹색 저탄소 운동을 하고 있다. 멸종 위기에 처한 동물 보호를 위한 관심이 커가고 새의 생태와 철새 도래지에 관심을 가지고 새들의 생태와 신비스런 자태를 카메라에 담으려는 사람들의 수가 빠르게 늘어나고 있다.

새의 모습을 망원경으로 살펴본 후 우리는 조각공원 쉼터에서 재무담당 은숙씨가 준비해온 간식을 먹으며 새들에 관해서 이야기를 나누었다. 지금이 봄이라지만 아직은 스치는 바람결이 몸을 웅크리게 하며 차갑게 다가온다. 서둘러 주변 정리를 하고 다시 차에 올라 이번엔 농소 봉곡리 왜가리 서식지로 떠났다. 마을 입구에 들어서자 우리를 망보고 있었다는 듯 한마리가 끄~르~륵 끄~르~륵 소리를 지르니 모두가 긴장한 듯 긴 목을 꼿꼿이 세워들고 소리를 지르더니 일제히 공중비행에 나선다. 얼마 동안 집 주위를 돌더니 자기 둥지로 찾아든다. 왜가리 떼 중 가장 한가운데 자리 잡고 있는 새가 우두머리 새라고 회장님이 설명을 하신다.

우리 일행이 더 가까이 가서 자세히 살펴보려는 순간 왜가리 떼들이 위협을 느껴서인지 둥지를 떠나 하늘 나직히 날아오르며 소리를 질렀다. 처음 보는 광경이어서 그런지 감격의 물결이었다. 우리 일행도 왜가리 못지않게 입이 벌어져 야~야 하고 저도 모르게 소리를 냈다. 사람이 거처를 마련할 때 따뜻하고 바람이 스쳐 가지 않는 곳을 택하고 싶어 하는 것처럼 모든 생물은 같은 생각을 본능적으로 가지고 살아가는 것 같다. 이곳 왜가리 서식지는 햇볕이 잘 들고 바람이 타지 않아 무척 따뜻해 보였다. 왜가리 등쌀에 소나무들이 말라가는가 하면 이미 생명을 잃은 소나무가 더 많았다. 사람들까지 살 수가 없었는지 가재도구도 버려 둔 채 이곳을 떠나가고 빈집이 견디다 못해 허물어지고 있었다.

산 밑 양지바른 오막살이 빈집엔 마른 풀과 그 사이사이에 쑥이 보였다. 50년쯤 되어 보이는 오막살이집이 있어 들여다 보니 두 평쯤 되는 방에 두 줄기 선반이 방을 지키고 있었고 한 평도 못되는 다락과 부서진 문살이 삶을 말해주고, 주인을 사모하고 기다리듯 집은 허리를 굽히고 있었다. 사람은 간 곳이 없고 그곳을 찾는 햇살만이 우리 일행을 반겨주었다. 왜가리가 이곳으로 오기 전까지만 해도 이곳은 따뜻하고 사람 살기 좋았으리라는 생각이 들었다. 아늑하고 따뜻해 보여 나도 이곳에 잠시라도 머물다 가고 싶은 생각이 든다.

뒷동산엔 다른 곳보다 먼저 봄이 찾아와 참나무에 좁쌀알처럼 보이는 작은 눈을 틔우고 있다. 회장님과 선생님이 카메라에 무엇인가 열심히 담고 있기에 가까이 가 보니 박주가리 씨앗 끝에 하얀 솜털을 달고 날까 말까하는 그 모습을 놓칠 세라 조심조심 찰칵~

찰칵 셔터를 눌러 댄다. 며칠 지나면 자연사랑연합회 회장님은 오늘 찍은 사진을 카페에 올려 회원들로부터 많은 칭찬과 부러움을 받게 될 것이다.

# 사랑받지 못한 세포의 반란

암은 사랑받지 못한 세포들의 반란이라고 의사가 남편에게 알려주었다. 잘못된 식습관이나 스트레스에서 오기도 하고 유전적인 체질에서 오기도 한다고 했다. 손톱, 발톱, 머리카락 빼놓고는 어디에나 암이 생긴다고 한다. 1982년 2월이었다. 눈발이 살얼음을 얼게 하고 하얀 눈이 튀밥을 흩어 놓은 듯 여기저기 얼어붙어 길은 미끄럽고 때 아닌 칼바람이 불어 게으른 사람 따뜻한 아랫목에 누워 잠자기 딱 알맞은 날씨였다.

간밤에 자고나니 속이 뒤집히고 배가 아파 아침밥을 지을 수가 없도록 힘이 들었다. 힘들게 아침을 차려주고 나서 남편에게 아프다고 말을 했다. 그러자 오늘 직장에 적십자무료검진 차량이 온다며 같이 가서 검진을 받아보자고 했다. 서둘러 집안을 치우고 출근하는 남편을 따라갔더니 혈액검진만 한다는 것이다. 놀기 좋아하고 폭음을 잘하며 밤중에 퇴근하는 남편에게 혈액검진을 권했다. 젊다고 그렇게 살다가는 몸이 지탱을 못한다고 원망도 많이 해보고 달래도 봤지만 의지가 약한 탓에 자기 몸을 자기 마음대로 못해 병을 키우고 있는 게 아닌가 싶어서 권했던 것이다.

건강이 좋지 않으면 몸에 신호가 온다. 눈으로 알아볼 수 있도록 겉으로 표시가 난다. 사람을 무쇠로 만든 것도 아니고 몸에 병이 날 수밖에 없었다. 환경을 만들어주고 영양을 공급해주는데 무엇인들 못 자랄까? 그이에게 혈액검진을 한 결과 C형 간염으로 GOT, GPT가 높다고 하였다. C형 간염은 혈액으로 옮기는데 모기가 옮기기도 한단다. 전염이 되면 45%가 간암으로 진행이 된다면서 조심해야 한다고 의사는 그이에게 상세히 말을 했다.

그 후에도 남편은 자기 자신을 사랑할 줄 모르고 몸을 학대를 하면서 달라지는 것이라고는 없었다. 나쁜 습관을 버리지 못하고 계속 밤을 즐기며 술 마시고 늦게 들어오는 것은 여전했다. 사 개월에 한 번씩 병원에서 초음파검진을 받으라고 했다. 어떤 환자이건 자기 몸을 자기가 사랑해줘야 빨리 회복이 된다고 하며 병을 잘 달래고 사랑하고 약을 밥처럼 끼니삼아 잘 대접을 해야 병이 사람을 공격하지 않고 편안히 오랜 시간 잠재울 수 있다며 악화되지 않게 해주어야 빨리 낫고 빨리 떨어져 나가지, 관심도 없고 병이 싫어하는 행동만을 골라서 계속해주면 병이 사람을 공격해오고 말을 듣지 않아 병은 악화되는 것이라며 어떤 이유를 불문하고 병을 애인처럼 사랑하고 잘 섬기라고 의사는 소상히 일러준다.

그러면서 요즘도 술을 먹고 있느냐고 의사가 물으니 말이 떨어지게 무섭게 계속 먹는다고 대답하자 정말 어리석군요 술을 계속 먹는 것은 도둑이 내 집으로 들어오는데 대문을 열어주는 주인과 무엇이 다르냐고 호통을 친다. 도둑에게 문을 열어주면 들어와 내 장기를 가져가라고 하는 것과 무엇이 다르겠습니까? 하며 화를 냈다. "당사자가 병을 사랑하든 사랑하지 않던 술을 먹든 안 먹든 자기 판단이지 나로서는 구제 불능입니다." 하신다.

그 때 TV에서 간에 녹즙이 좋다고 선전을 하며 회사마다 녹즙기들을 앞을 다투며 만들어냈다. 1982년부터 13년간 비가 오나 눈이 오나 하루같이 냉이, 돌나물, 쑥, 돌미나리를 뜯어다 다듬고 씻고 녹즙을 만드는데 드는 시간은 한나절이다. 아침저녁으로 정성을 다해 남편에게 녹즙을 해주었다. 어떤 때는 저녁에 들어오지 않아 아깝지만 그대로 버린 적도 많았다. 여전히 남편은 술 마시고 스트레스 만드는 일 찾아다니며 하고 쥐가 먹을 것 물어다 두고 못 찾아먹는 것처럼 약봉지 받아다 여기저기 쌓아두고 먹지 않고 정기검진 시기를 놓치고 하더니 병원에서 암세포가 생겼다고 했다.

2003년 7월 삼성의료원에서 간암세포를 고주파로 시술을 했다. 병을 달래줘야 암세포가 공격을 해오지 않는다고 의사가 수차례 이야기했는데도 말을 안 듣고 술 마시고 하더니 경제적 손실이 큰 것은 말 할 것도 없고, 직장에 다니는 자식들 시간 내기 힘들고 병원에서 잠자는 일도 힘들어 했다. 병을 사랑하지 않으면 병이 보복을 하게 된다는 것을 너무 늦게야 그이는 깨달았다.

그이가 이제는 술도 끊고 약도 잘 찾아 먹고 정기검진도 빼놓지 않고 받아 2년을 무사히 넘길 수 있었다. 5년이 넘어가야 안심이 된다고 하는데 병을 돌보지 않고 퇴직을 하고도 일을 한다며 또다시 회사를 다니더니 얼마가지 않아 얼굴빛이 검고 피부가 부석거렸다. 건강치 못하면 사람 피부색이 다르다. 모든 음식과 한약이나 음료를 간이 해독을 한다기에 간에 부담을 덜 주려고 채소류나 된장찌개로만 세 끼 식사를 하고 있었다.

사람들은 인명은 재천이라고 말하지만 그것보다는 자기관리를 얼마나 잘 하느냐에 따라 수명을 단축시킬 수도 있고 늘려 갈 수도 있다고 생각된다. 잘못된 삶을 살아온 탓에 그이는 2007년 6월에 아쉽게도 세상을 뜨고 말았다. 그와 같이 살아오는 동안 자기가 노력한 만큼 보상을 받으며 세상살이가 자기 뜻대로 되는 줄 알고 살아온 나에겐 여간 충격이 크지 않았다. 그가 세상을 떠난 후에야 세상은 자기 뜻대로 되지 않는다는 것도 알았다.

삶의 의욕도 반으로 줄어들고 희망도 버리고 편안함을 추구하며 흐르는 대로 받아들이고 살아간다. 잘 살면 수명이 120세라고 하는데 70세로 삶을 마감한다는 것은 조금 아쉬움이 없지는 않지만 어쩔 수 없는 일이다.

# 즐거운 가을 나들이

가을걷이가 끝난 들판은 가슴이 텅 빈 것 같은 허전함을 느끼게 하고 농작물을 지키던 허수아비만이 홀로 남아 빈 들판을 지키고 서있다.

11월 하순의 날씨는 곱게 물든 산자락을 모두 쓸어내려는 듯 바람이 세차게 불고 주위가 산만하다. 산 모두를 벌거벗게 만들려나 보다. 김천생활원예연구회원들이 아침 일찍 구례군 기술센터에 있는 야생화 견학을 하기 위해 서리바람을 맞으며 김천 시가를 벗어나 구미를 거쳐 칠곡기술원에 들렀다. 경상북도 우리 꽃지킴이 회원들이 한자리에 모였다.

모두가 낯선 사람들이다. 기술원 직원들로부터 상세한 안내 말씀과 오늘 일정에 대해 자세히 안내를 받았다. 간식으로 떡과 음료수, 과자가 나왔고 차는 도착지를 향해 출발했다. 가는 도중에 여회장님의 인사 말씀이 있었고 뒤이어 김천 부회장님, 사무국장님의 말씀이 있었다.

토라진 시어머니 마음처럼 날씨가 풀어질 줄 모르고 해는 구름에 가려져 금방이라도 하늘이 비나 눈을 토해낼 것 같은 날씨다. 불던 바람도 사라지고 조용하다. 일 주일 전에 전국농어촌여성문학회 간부회의가 있어서 이곳을 다녀갔다. 그때만 해도 지리산자락엔 오색단풍이 곱게 물들어 단풍에 매료되어버린 사람들이 골짜기를 가득 메웠었다.

결실을 이룬 감들이 곶감이 되기 위해 처마 끝에 줄줄이 매달려 있다. 맑은 햇빛에 반사된 감이 참으로 아름답고 오색단풍을 배경으로 하고 있어 한참동안 발길을 놓아주질 않는다. 어느새 높은 고지에서는 단풍은 떨어져 낙엽으로 쌓이고 볼품없이 마른 매달린 마른 잎은 바람결에 달그락거린다. 세 시간쯤 달려온 버스는 구례군 기술센터에 우리들을 내려놓았다.

전국에서 모여든 압화액자가 오십 평이나 될까 말까한 강당의 사면을 채우고 있다. 여성들의 섬세한 손놀림, 구상, 미술 감각이 돋보인다. 이런 훌륭한 작품을 보면서 아무것도 못하는 내가 바보

갖게만 보인다. 우리꽃지킴이 회원들은 일제히 "야 참 대단한 솜씨다." 소리부터 지르고 감상을 시작한다. 이 많은 들꽃을 말린다는 것 자체도 어려운데 섬세한 손놀림으로 하나의 작품을 만들기 위해 자기의 마음, 기술, 상상력을 동원해 타인의 마음을 감동시키고 기쁨을 전하는 그분들이 마냥 부럽기만 했다.

그냥 지나쳐 버릴 작은 들꽃 하나 꽃잎 하나 풀잎 한줄기가 그분들에겐 봄꽃동산을 만들고 시원한 여름풍경을 만들며 가을 들판을 만들 수 있고 눈 내리는 겨울날을 생각나게 하는 훌륭한 소재가 된다. 노련한 솜씨로 모든 것을 마음대로 연출하는 그들의 솜씨를 보면서 나는 이 나이가 되도록 무엇을 하며 살아왔나 나를 다시 한 번 돌아다보면서 서글픈 감정마저 들었다.

모든 분들이 이렇게 나에게 기쁨을 주는데 남들에게 받고 살아온 혜택을 다소라도 갚고 살아가야 될 것 아닌가 하는 부담감마저 들게 한다. 하느님은 모든 사람들에게 똑같은 축복을 주셨다는데 내가 아무것도 못하는 것은 게으르게 살면서 자기의 재능을 찾아보지 않고 살아온 탓이 아닐까? 다소 늦은 감은 있지만 나도 남들에게 줄 것이 있을 것으로 믿고 열심히 찾아 봐야 하겠다고 다짐을 해 본다.

반다지며 병풍이며 탁자까지도 다 마음에 들어 갖고 싶었다. 모두 탐나는 작품이다. 10년 이상 갈고 닦은 솜씨라고 안내원이 설명을 한다. 이 많은 작품들은 신으로부터 남성보다는 여성들이 선물로 받은 타고난 솜씨가 빚은 결과일 것이다. 모두가 특상, 대상, 장려상 작품인데 아쉬운 것은 한적한 시골 들판에 세워진 건물에 진열되어 많은 사람들이 보고 즐길 수 없다는 것이다. 계절이 겨울의 길목이어서인지 늦가을을 연출하고 겨울 눈 쌓인 시골풍경을 연출한 작품이 더 마음에 담긴다.

아쉬움을 뒤로하고 그곳을 나와 야생화 구경을 하기로 했다. 초겨울에 들어서서인지 많은 야생화들은 동면에 들어갔고 하우스 안에 있는 것만이 눈길을 끈다. 야생화를 좋아하는 사람들은 값이 싸다며 종류별로 묘목을 구입해 차에 싣고 산수유 마을로 들어섰다. 전국 산수유의 70%를 이곳에서 생산해 낸다고 한다. 중국 산동성에서 한 여인이 이곳으로 시집을 오면서 한 그루 가져다 심은 것이 지금은 마을 전체를 산수유나무로 덮어, 봄이면 노란 산수유 꽃이 관광객을 끌어 모아 수입원이 되고 가을이면 빨갛게 익은 산수유가 고소득원이 된단다. 지금은 가공공장이 이 마을에 들어서서 공동 작업으로 마을소득을 올리고 있다.

안내원이 우리들을 이곳 강당으로 안내를 했다. 그곳에는 지정된 판매원들이 있어 능숙한 말솜씨로 우리들에게 산수유 가공 건강식품을 사가기를 권유했지만 반응은 좋지 않았다. 아무리 몸에 좋은 것도 먹기가 좋아야 매력이 있는데 맛이 별로였다. 30분 정도 설명을 듣고 우리들은 버스에 올랐다.

갈 때는 모두가 처음 만난 사람이 많다 보니 서로 어색해서 이야기도 하지 않고 나누어 준 간식을 먹으며 조용히 갔는데 올 때는 같이 다니면서 나눈 이야기 때문인지 자기 소개도 하고 장기자랑도 하며 노래솜씨도 보여주고 시간가는 줄 모른다. 노래 솜씨가 모두들 가수를 능가했다. 시내 나가 눈 돌리면 수도 없이 보이는 노래방 가요주점 덕분인지 노래를 못하는 분이 한 분도 없었다. 모두가 흥은 고도로 더해가고 헤어질 때는 아쉽다는 듯 다음해에 다시 만나자는 인사를 남기고 발길을 돌렸다.

# 바쁘다 바빠

2009년 김천시는 오수관과 하수관을 분리시키기 위해서 시내 어디나 포크레인으로 땅을 파는 소리가 진동을 한다. 요즈음 취직하기 힘들어 하는 젊은이들에겐 다행한 일이다. IMF 후유증으로 전국이 떠들썩하고 실업자가 수십 만 명이라고 방송에서 뉴스 시간마다 반복해서 나온다.

대학을 졸업하고 십 년이나 취직하려고 노력을 했지만 취직을 하지 못해 삶의 의욕을 잃어버려서 밖에 나오는 것을 꺼리고 방안에서 컴퓨터와 벗하는 젊은이들이 무척 많다고 한다. 하지만 김천시는 IMF를 피부로 느끼지 못 하고 별일 없이 잘 살아가고 있다.

젊은이 하면 내 자식을 빼 놓을 수가 없는데도 나는 젊은이에게는 아무런 도움을 주지 못한다. 내 힘과 나이에 맞는 생활을 하고 후회 없이 살아가려고 노력할 따름이다. 밥값을 못하고 나이만 먹고 살아가는 노인이 되지 않기 위해서 스스로에게 최면을 걸어본다. 죽는 날까지 건강하고 일을 할 수 있도록 도와달라고. 혹 건강을 잃고 자식들에게 짐이 된다면 어쩌나 하는 생각이 무거운 부담으로 다가올 때마다 자리를 박차고 밖으로 나선다.

헛돈 쓰지 않고 사고 싶은 것 아껴 할머니들이 좋아하는 군것질거리 한두 가지 챙겨 들고 훗날 내 몸뚱이 내 마음대로 못 할 때 의지할 곳을 미리 봐 두기 위해 방문 겸 봉사 겸 노인들이 머물고 계신 노인요양원을 자주 찾아가게 된다. 어떤 때는 기쁜 마음으로 돌아오지만 간혹 슬픔을 안고 돌아설 때가 있다. 할머니는 나를 딸이라며 무엇을 챙겨줄 수 없다고 안타까워하기도 하고 때로는 며느리라며 가슴에 맺힌 한을 풀기도 한다. 그럴 때마다 가슴이 조이고 아프다. 할머니의 가슴을 속 시원히 열어드리지 못하고 돌아서는 발길이 무겁고 슬프다.

할머니들처럼 되지 않기 위해서 시간이 나면 복지회관 컴퓨터 교육에도 참여하고 젊은 사람들이 하고 있는 야생화 모임에도 나가고 자연사랑연합회도 참석하고 성당에도 가고 친구들 모임에도 나가고 여성대학 모임에도 빠지지 않고 참여하다 보니 남들이 보기에는 왜 저렇게 길을 바쁘게 오가는지 궁금한 모양이다. 요즈음 너무 더워 한낮에 밖에 다니는 것이 무리인 줄 알지만 나가지 않을 수가 없다.

나눔의 집 할머니들을 집으로 모셔다 드리고 돌아오는 중인데 학교 앞에서 포크레인으로 열심히 흙을 파 올리던 젊은 기사가 포크레인 바가지를 땅에다 박고 멈춰 서서 나를 향해서 소리를 지른다. 집으로 돌아올 때면 늘 혼자서 나눔의 집 할머니들의 모습을 생각하면서 길을 걷는다. "아주머니 이리 와 봐요." 하는 소리에 깜짝 놀라 "왜요?" "할 말 있어요." 속으로 '할 말은 무슨 할 말' 하면서 가까이 가니 "내가 20년이나 김천 시내 길에서만 일을 했는데 아주머니처럼 바쁘게 셀 수도 없이 길을 오고가는 사람을 처음 봤어요. 도대체 무엇이 그리 바쁜 거요?" "내가 어지럽도록 돌아다니는 것을 알고 싶어요?" 우리는 서로 알지 못하는 사이다. 마주보고 웃을 수도 없지 않는가. 먼 산을 바라보고 두 사람은 소리 내어 한참을 웃다가 자기가 궁금해 할 일도 아니구만, 그래도 일을 중지하고까지 듣고 싶어 하는데 말을 해주지 않을 수가 없어 내 하루일정을 한 십분 가량 줄줄이 늘어놓으니 빤히 쳐다보고 있다가 담배에 불을 붙여 한 모금 빨아 내뱉고 "에이 듣고 보니 하나도 안 해도 될 일이구먼." 한다. 기사 입장에서 보면 틀린 말이 아닌지도 모른다. 풋감이 홍시의 달콤한 맛을 알리가 없지. 나도 젊을 때는 할머니들이 하는 행동이 이상하기만 했으니까. 나는 기사의 마음을 이해하지만 기사는 겪지도 않은 내 마음을 알지 못할 것이다.

젊어서 자식들 뒷바라지 하느라 나한테 투자라고는 하지 않았다. 이제라도 배우는 일 게을리 하지 않고 남은 돈을 잘 써버리고 마음도 몸도 비우고 홀가분히 떠나가는 연습을 해두는 것도 나이 든 사람들이 할 일이라고 생각하고 배우고 비우는 일에 게을리 하지 않아야 한다. 내 삶의 목표가 삼십 대에 기반 잡아 사십 대에 돈 벌고 오십 대에 자식들에게 투자하고 육십 대에 내 인생 즐겁게 살다가 칠십 대에 갈 준비해서 팔십 대 초반에 이 세상 사람이 아닌 애벌레가 나비로 탈바꿈을 하는 것처럼 인간이라는 허물을 벗어버리고 천사의 모습을 하고 떠나는 것이다. 목표는 이루어진다는 것을 나는 믿는다.

# 힘들 때면 떠오르는 사람

남들은 추수가 한창인데 나는 오늘 당신이 심어 놓은 더덕을 캐서 아이들에게 나눠주려고 합니다. 2년 전 통일전망대 갔다가 더덕을 심어보자며 종자를 사들고 오징어 안주에 막걸리를 마시며 계원들과 즐거워하던 당신의 모습을 그리며 밭으로 갑니다.

더덕들은 당신이 곁에 없는 줄도 모르고 잘 자라주었습니다. 더덕을 캐는 마음이 즐거워야 할 텐데 바람에 나뭇잎이 뒤집히듯이 내 마음이 뒤집히려합니다. 더덕을 손에 잡을 적마다 가슴도 팔도 아려옵니다. 가는 곳마다 당신이 밟고 간 발자취 언제나 사라질 건지요? 지난 14개월이 14년은 된 것 같네요. 당신이 보고 싶지 않고 불쌍하지 않다면 사람이 아니겠지요?

그보다는 내가 너무 힘들어서 당신 생각이 더 나는 것 같습니다. 정말 나쁜 여자이지요? 나만 이런 걸까요? 사람은 이기적인 동물인가 봐요. 부부가 살다가 같이 죽을 수는 없는 일, 누가 먼저 가고 누가 뒤에 갈지 살아봐야 알지만 앞에 가는 사람이 복 있는 사람이라는 생각이 드네요.

그리 급하게 먼 길 떠날 줄 알았다면 더덕 반찬 조반상에 올려 맛있게 해 줄 것을 늘 같이 있을 줄만 알고 해주지 못한 것이 이렇게 괴롭고, 자식들하고만 먹으려니 죄스럽습니다.

사람은 누구나 혼자이라고 늘 생각하면서 살아왔지만 바람과 추위와 어둠에 맞선다는 것이 쉽지도 않거니와 나를 나약하고 슬프게 만듭니다. 힘든 일이 닥쳐도 아이들이 나약해질까 봐 의연한 듯 용감한 듯 웃는 낯으로 지내지만 어디까지 가야 내 모습을 하고 살아갈지 괜찮아질지 정말 모르겠네요.

당신을 떨쳐버리고 홀로 자신감 있게 살아갈 수 있는 날이 오기를 바라면서 기도하는 일념으로 오늘도 두 팔 걷어붙이고 강해지려고 노력합니다. 14개월이 지났지만 열심히 살다보니 적응력도 어느 정도 생기는 것 같습니다. 인생길에 확실한 것은 아무것도 없습니다. 있다면 조물주로부터 받은 24시간이 나를 기다리는 것, 이것만은 틀림없는 내 재산입니다. 당신이 있을 때보다 더 효율적으로 써야 되겠지요? 피로가 몸과 마음을 지치게 하고 장애물이 앞을 막아도 굴복하지 않기 위해 열심히 사회활동에 참여하고 당신에게는 대단히 미안한 일이지만 잊으려고 노력할 거예요.

살아 있는 자들의 이야기처럼 당신이 살아있는 우리 가족을 도울 수 있는 힘이 있다면 막내가 장가를 갈 수 있도록 도와주고 당신이 못다한 꿈이 있다면 내가 대신할 수 있도록 도와주십시오.

내 힘이 다할 때까지 지치지 않고 용기 있게 걸어가렵니다. 설사 남들이 나를 실패한 인생이라 할지라도 그 기억 때문에 짓눌리거나 오랫동안 일을 하지 못하는 일은 없을 것입니다. 지켜봐 주셔요. 역경이 닥치면 강인해질 것이고 누가 돌을 던지면 맞아가면서 삶이 나를 끌어주는 대로 주어지는 대로 그냥 받아들이고 살아가렵니다.

많은 날들을 살다보면 누구에게나 갈림길에 설 때가 오겠지요. 그 선택만이라도 나에게 자유가 없다면 못 견디게 슬픈 일이지만 다행히도 자유가 있는 것을 행복으로 알고 용감하게 맞서면서 당신을 더 슬프게는 하지 않으렵니다. 이 모두가 두려움에 굴복하지 않기 위한 도전장인 줄도 잘 알고 있습니다.

때늦게 참 많은 경험을 하고 나서야 당신의 소중함과 아이들의 귀중함을 알고 살아갑니다. 남들은 수확을 하는데 꽃을 피우기 위한 노력이지요. 열매는 자식들이 거두어 가기를 바랍니다. 당신을 만날 날이 어느 때가 되든 염두에 두지 않고 그 때가 올 때까지 한발 한발 가렵니다. 용기 잃지 않도록 응원해 주셔요. 그리고 잘 살고 있다고 칭찬해 주셔요.

# 빈 둥지

함박눈이 팝콘처럼 터져 설경을 이루고 어른이 잠시 동안 아이가 되던 그 겨울이 그리워진다. 올해는 겨울이 다 가도록 눈을 볼 수가 없다. 어른들 말씀이 겨울에 눈이 오지 않으면 여름에 가물다는데 맞는 말인 줄은 모르겠다. 머지 않아 봄이 오는데 눈이 내리지 않아서 겨울 날씨가 매우 건조하다.

아침 일찍 이 친구 저 친구 전화를 걸어 봐도 남편은 직장으로 아이들은 학교로 엄마는 무엇이 그리도 바쁜지 아침부터 집을 비우고 모두가 어디론가 가버린 빈 둥지엔 전화벨소리만 메아리가 되어 다시 돌아올 뿐 친구는 집에 없다. 오늘도 쓸쓸한 하루가 시작될 것만 같은 예감이 든다.

요즘 경제가 어렵다고들 하지만 우리나라처럼 교육열이 높은 나라는 어디에도 없다고들 하지 않는가. 아침에 집을 나간 아이는 학교 수업이 끝나면 영어학원으로 미술학원으로 피아노학원으로 집 없는 달팽이처럼 돌아다니다 해가 지고 밤이 오도록 저녁식사도 거르고 지친 몸을 이끌고 아빠 퇴근 시간이 넘어서야 빈 둥지로 찾아온다.

늦은 저녁에 식구들은 하루를 정리하고 피곤한 몸으로 가족이란 이름하에 빈 둥지에 다시 모여 늦은 식사를 한다. 부부는 TV 앞에 앉아 자기가 원하는 방송을 보려고 채널 싸움을 할 때면 언제나 남편은 패배자가 되어 안방으로 들어가 누워버리고 아내는 승리자가 되어 의기양양하게 TV를 보고, 아들은 제 방으로 들어가 문을 걸고 컴퓨터 게임 창을 열고 한판 승부를 하느라 바쁘다.

이렇게 부부간에 부자간에 대화가 단절되고 아버지의 권위가 땅에 떨어진 요즈음 행복이란 아스팔트에서 장미꽃이 피기를 기다리는 심정이다. 옛날엔 가장의 말이라면 가정의 법처럼 식구들이 따라 주었는데 지금은 아버지 말보다 어머니 말이 우선되고 아버지는 돈 버는 기계가 되고 어머니는 가정의 영양사가 되고 자녀는 공부만 잘 하면 된다는 가족들 생각이 가정을 살벌하게 만든다.

가정은 내일의 에너지를 만들고 가족이 편히 쉴 수 있는 둥지여야 하는데 배움도 중요하지만 화목하고 사람을 중히 여기는 가정의 소중함도 함께 가르쳐야 될 것 같다. 아버지가 중심이 되어야 살기 좋은 사회가 될 텐데 인내할 줄 모르는 아이들 덩치만 큰 어른으로 성장할 것 같아 마음이 아프다. 얼음도 녹여야 마실 물이 되고 쇠도 달구어야 연장이 된다고 하지 않았던가? 노력이 없이는 소리 없는 아우성일 뿐, 인간은 배가 고파봐야 열심히 살아간다. 6 · 25를 겪은 우리 조상들은 먹을 것이 없었지만 가족을 서로 위하고 아끼며 부모를 섬기는 예절바른 국민이었다.

지금 우리 사회가 이만큼 살아갈 수 있는 것도 임진왜란과 6 · 25를 겪은 세대들의 힘으로 유지되는 것이 아닌가 싶다. 중국산과 미국산이 판치는 현실에 앞으로 농촌에 계시는 어른들이 돌아가신다면 우리 농업은 어디로 갈 것인가? 응석받이로 키운 우리 아이들 버릇없고 제멋대로며 너무 자기중심적이어서 참으로 걱정스럽다.

지혜로운 자식은 아버지를 기쁘게 하고 어리석은 자식은 어머니의 걱정이란 말이 있다. 손자를 나무라는 아들을 보고 아버지가 "애야, 아들을 나무라지 마라 네 아들이 하는 짓이 네가 걸어온 길이고 내가 살아온 길이 네가 가야할 길이다." 라고 아들에게 말씀하신 분이 있다고 한다. 내 자식 남의 자식 할 것 없이 명령조의 말투로 무심결에 내뱉은 말들이 듣는 사람들의 억장이 무너지게 하지 않도록 끊임없이 노력해야 되지 않겠나 싶다.

씨앗은 제 살갗을 찢어야 싹을 틔울 수 있으며 묘목은 어릴 때 휘어잡아야 된다 하지 않는가? 폭풍과 거센 소낙비와 혹독한 겨울을 이겨내었을 때 큰 나무가 되는 것처럼 젊어서 고난을 겪지 않으면 큰 인물이 될 수 없다. 어려움에 처했을 때 다시 일어날 수 있는 힘을 길러야 한다.

오늘이 내 생의 마지막이라고 생각하게 되면 자신의 지난날을 돌아보게 되고 좀 더 베풀고 살 것을, 재미있게 살 것을, 좀 더 참고 살 것을 하는 생각을 하게 된다고 한다. 닫혀 있던 마음도 열리게 되고 가정은 남편이 중심이 되지 않으면 남편은 밖으로 돌고 가정은 빈 둥지가 된다.

남편이 집에 들어오기 싫어하는 이유는 집이 싫어서, 노는 것이 좋아서, 아내가 싫어서, 아내가 두려워서, 여자나 술 때문이라고 한다. 이런 이유로 이혼 가정이 늘어나고 소녀소년 가장도 늘어나 빈 둥지가 되어버린 가정에서 아이들은 상처받고 비뚤어지며 피해자가 되어 평생을 살아간다.

# 새로운 각오

50세는 50km로, 60세는 60km로 달린다고 하더니, 월요일인가 하면 일요일이고 일요일인가 하면 다시 새달을 맞게 된다. 해놓은 일 없이 한 해가 다가버리고 새롭게 2010년을 맞으면서 지난해를 정리하고 올해는 뜻있는 한해를 살겠다고 마음속으로 새로운 각오를 해 본다. 요즈음은 핵가족 시대고 어른들과 함께 살기를 꺼려하기 때문에 나처럼 홀로 살아가는 사람들이 무척 많다.

옛날 같으면 여자 홀로 살아간다는 것이 여간 힘이 드는 일이 아닌데, 지금은 연금제도도 있고 정부에서 극빈자우대다 노년연금이다 여러 가지 혜택이 있다. 생활이 어렵고 움직이기 힘든 노인들에게는 밥과 반찬을 만들어서 일 주일에 두어 번씩 배달해주는 봉사단체도 있어서 나이든 어르신들 살기가 좋아졌다.

남편이 공무원이었기 때문에 남편이 떠난 후에도 연금을 70% 받을 수 있어 지금 먹고 사는 일에는 별 어려움이 없다. 연금이 없었다면 이 나이에 밖에 나가 일을 하지 않으면 생계를 이어가지 못하고 자식들에게 손을 벌리거나 정부에서 주는 몇 푼으로 힘들게 살아가고 있을 것이다. 연금이 없었다면 살기가 얼마나 어려울까, 남편에게 늘 감사하며 산다.

한해가 지나면 새해가 오는 것처럼 이제까지 살면서 겪은 고통은 앞으로 살면서 받을 고통에 비하면 힘든 것이 아니다 라는 생각이 든다. 세월 따라 몸도 마음도 약해져서 올해는 해야 할 일들을 혼자서 엄두도 못 내고 있다. 심장판막이 고장을 일으켜 밖으로 나가는 피가 순환되지 못하고 다시 염통으로 돌아온다며 언젠가는 수술을 해야 할 날이 올 것이라고 의사선생님이 말을 했다. 이것이 고통이라기보다 일을 할 수 없는 처지에 놓인 것이다.

살다보니 좋은 일 나쁜 일이 일기처럼 바뀌고 계절처럼 찾아든다. 힘들고 일이 꼬일 때면 잠시 쉬었다 다시 일어나는 것도 두 번 실패하지 않는 방법이다. 한치 앞을 예측하기 어려워 모든 일을 내려 놓은 적도 있었다. 세상에 태어난 것은 죽기 마련이고 성한 것은 언제일지는 모르지만 병들고 썩기 마련이라는 것을 알면서도 어려운 일이 닥치고 힘들어지면 막막하기만 하다. 나뿐 아니라 대다수 사람들은 좌절하고 낙심하게 된다. 이 어려움이 다시 출발할 수 있는 기회고 단단해지기 위한 거름이라고 믿지만 그 의지는 끝까지 나를 지켜주지 못 한다.

두려움 없이 어려움에서 벗어나려고 밤낮 버둥대 본다. 과거는 바꿀 수 없지만 미래는 긍정적인 생각으로 잘 선택을 해서 잘 믿고 살아볼 생각이다. 자기의 삶은 자기가 만들어 간다고 하지만 그것도 젊어서 이야기지, 이제 무엇을 해보려고 하니 겁부터 나고 자신이 없다. 젊을 때는 한번 들으면 암기가 잘 되고 한번 암기한 것은 잘 잊어버리는 법이 없었는데 이제는 열 번을 들어도 암기가 잘 안 되고 어떻게 힘들여 암기를 해도 2~3일만 지나면 잊어버리게 된다. 남은 생을 내 의지와 힘으로 살아야지 하면서 손바닥을 들여다보니 나무껍질만큼이나 두껍고 손등은 주름으로 가득하다. 그렇다고 누구를 원망하거나 내가 걸어온 길에 대한 후회는 없다 소신껏 내 능력껏 살았기에….

사람은 서로 도우며 살아가야지 혼자서는 살 수 없다고 느끼면서도 누구에게 도움을 청하는 것은 쉽지가 않다. 내가 도움을 주기도 하고 받기도 하며 살아가야 하겠다고 마음먹지만 젊은 사람들 곁에 가면 상대는 그렇게 생각하지 않을지도 모른다. 저 연세에 무엇을 어떻게 한단 말인가 하는 것이 스스로 느껴진다.

한일[一]자 2개가 서로 의지하고 서서 사람인[人]자가 된 것이라 한다. 사람은 언제나 협력해야만 뜻을 이룰 수 있다. 뼈대 없는 덩굴 식물도 뼈대 있는 식물을 잡고 오르려고 노력을 한다. 뿌리가 강한 식물은 아무리 베어내도 다시 싹이 돋아난다. 사람도 약해서 어려운 일이 생기면 넘어지고 마는 사람이 있는가 하면 넘어지면 더 강해지는 사람이 있다.

고생의 끝이 어디인가 가늠할 수는 없지만 분명히 끝이 있기 마련이다. 내가 지금 어렵다고 흔들리는 바늘에 실을 꿰어 쓸 수는 없지 않는가? 너무 서둘지 말고 기다리다보면 기회를 다시 잡을 수도 있을 것이다. 잃어버린 것만을 연연하지 말고 다음을 기다리는 것이 현명한 방법이라 생각해본다.

# 행복하게 살고 있는가?

일주일 계획을 세워놓고 힘들고 고단해도 계획에 따라서 열심히 살아가면 일주일이 하루 같고 한 달이 일주일 같이 짧기만 하다. 이제 올해가 다 지나고 남은 달력 한 장이 마지막 잎새처럼 외로워 보인다.

열한 달을 내가 어떻게 살아 왔을까? 일은 겹치고 만날 사람도 많았다. 늘 바쁘다 보니 길에서 만난 사람들마다 왜 그렇게 바쁘냐고 묻는다. 시간을 아껴 지름길로 다녀도 하루 동안 해야 할 일을 다 하지 못하고 잠자리에 들갔던 것 같다.

열한 달 중 행복해서 다시금 그날이 와주었으면 하는 날이 삼 개월도 안 되는 것 같다. 자신에게 물어본다. 불행하다고 느꼈다면 무엇이 원인이었던가? 불행하다기보다 자신이 행복하다는 사실을 잊어버리고 살았기 때문에 행복한 줄 모르는 것은 아니었을까? 내 삶속에서 고마움을 알지 못한다면 그 순간은 행복을 느끼지 못하게 된다. 욕심을 버리고 남을 이해하려고 할 때가 그래도 내 생에서 행복했던 시절이었구나 생각하게 된다. 정말 바쁘게 살아온 날들이 나에겐 행복했던 것 같다.

행복은 앞에 오는 것이 아니라 지나간 후 다시 돌이킬 수 없는 상황에서 느끼게 되니 정작 행복한 순간에는 그 맛을 느낄 수 없는 것이 당연한지도 모른다. 지금도 주위에서 나를 지켜보는 새댁들은 나를 볼 적마다 가장 행복한 사람이라며 자기들도 이 다음에 나이 들면 나처럼 늙어 갈 수 있을지 모르겠다고 한다. 삼 남매 공부 잘 하고 속 썩이지 않고 건강하게 잘 자라 자립을 했다. 남편은 건강한 모습으로 살다가 한 달 동안 병원에 있으면서 대소변 받으란 말 하지 않고 저세상으로 떠나갔다. 돌아가면서 연금을 남겨줘 생활에 지장 받지 않고 대지가 100여 평 되는 한옥에 꽃도 심고 채소도 심으며 방안에 앉아서 문만 열면 벌, 매미, 나비는 물론 아름다운 새들까지 볼 수 있다. 남들은 밖에 나가야 즐기고 오지만 나는 집에서 다 즐길 수 있으니, 저들의 말이 맞는 것 같기도 하다.

아직까지 건강한 몸으로 내가 가고 싶은 곳 마음대로 가기도 하고 싶은 취미생활도 하면서도 생활비 때문에 자식들 눈치 볼 일도 없으니 행복은 행복이다. 눈 돌려 세상 사람들이 살아가는 모습을 보면 행복에 싸여 있으면서도 그것을 느끼지 못하고 불행하게 살아가는 사람도 많다.

사람들은 당장 직면한 걱정보다 현재 있지도 않고 미래에도 있을지 없을지도 모르는 걱정을 하다가 행복을 놓치고 재미없는 삶을 살아간다고 한다.

눈을 돌려 주위에 힘든 사람, 장애자들을 다시 한 번 살펴보면서 나를 돌아보니 내 행복이 보였다. 늘 긍정적으로 생각하며 삶은 사계절처럼 맑은 날도 있고 흐린 날도 있다고 생각하고 아픔이 나를 키워주기 위한 약이다 생각하며 살아간다면 넉넉한 마음으로 모든 사람들을 대할 것 같고, 거기에 행복이 있지 않을까?

밖에 나갔다가 마음 상해 돌아오는 날은 영 마음이 개운치 않아서 세수도 하고 양치질도 하고 손발을 씻어보기도 한다. 손발을 씻는다고 마음까지 씻기랴만 더러운 마음 다 씻어냈다고 생각하면 무겁고 칙칙했던 기분이 원위치로 돌아가는 것 같다. 이것이 내가 행복을 찾아가는 유일한 방법이다. 힘들고 고단한 하루라도 오늘이 지나면 내일은 딴 세상이 열린다고 생각하면 마음 안에서 여유로움이 넘친다.

마음의 여유가 곧 행복이다.

# 착각 속에 살고 있다

삶보다 죽음이 편안한 길일까? 반세기를 착각 속에 살아왔지만 지금도 나는 착각 속에서 깨어나지 못하고 있다. 그와 다하지 못한 인연의 끝자락을 잡고 한동안 옹이를 만들고 허공을 헤매며 의미 없는 나날을 보내면서 얼레에 감긴 연줄을 하늘로 풀어 날리듯 못다 한 이야기들을 겨울 찬바람 속으로 날려 보냈다.

세월의 흔적들을 속이 아려 덮어두었다가 그리워 펼치고 잊어질까 다시 묶으려니 미안한 생각에 슬프기만 하다.

죽음이란 나와는 상관없는 일이라 여기며 살아온 그 길을 그이는 미련 없이 가버렸다. 허무하게 무너진 2007년, 먼 길 떠나던 날 가져가지 못 한 마음이 나를 잠들지 못하게 하더니 그의 목소리가 이명처럼 들려온다.

"여보, 마음고생 많았지?"

2008년 대명절인 구정이 눈앞에 다가왔다. 그분의 마음이 내 마음의 손을 잡고 한복 한 벌, 신사복 한 벌을 챙겨들고 미친 듯 집을 나선다. 쌀쌀한 바람이 겨울잠에 빠진 나뭇가지를 마구 흔든다. 살이 얼얼하도록 차갑다.

내가 가고 있는 이 길이 아흔아홉 고개라고 했다. 모퉁이가 얼마나 많으면 아흔아홉 고개라고 이름 붙였을까? 도로가 나기 전 이곳은 오솔길이었다. 그 분의 생각이 시간을 거꾸로 돌려놓는다. 때때로 시집살이 힘들어 마음이 불편할 때 그이를 따라 이곳에 오면 멍석처럼 넓게 깔린 암석이 계곡을 따라 흐르는 폭포수와 잘 어우러져 자연이 그려놓은 수채화 같았다. 그 절경에 반해 한참을 혼자 즐겁고 행복해했던 날들의 추억이 나를 더 견디기 힘들게 한다.

괴로움을 이기지 못하고 순간순간 무너지기라도 하면 그분은 이곳에 와서, 이것이 우리의 운명이고 팔자라면 어찌하겠느냐, 참고 같이 노력해 보자며 품에 안아 줄 때면 집에 와서 다시 울지라도 그 순간만은 행복했다. 계곡 따라 수천 개의 돌을 밟으며 나와 인연이 된 돌은 보자기에 싸고, 두 다리 펴고 주저앉아 계곡 물소리 듣고 있으면 힘든 것도 짜증나던 일도 다 달아나던 곳이다. 행복도 불행도 내 마음에서 싹트고 있었는데 그걸 모르고 살았으니 얼마나 그분이 힘들었을까? 잘못한 일들이 마음 한구석에 껌처럼 달라붙어 떨어지지 않는다. 마음이 찢어지려나 보다. 봄이면 이곳 바위 틈에 금낭화도 곱게 피어 있었는데 그 자태가 너무 고와 집으로 옮겨 심었더니 늦은 봄이면 잊지 않고 곱게 피어 늘 그분과 나를 즐겁게 하고 행복을 주었다. 새봄이 오면 그의 묘 앞에 옮겨 심어 외롭지 않게 해줄 생각이다.

그가 44년 동안 함께했던 날들을 소중히 간직하고 싶다 그가 잠들어 있는 뜰이 보인다. 깊은 산골이다 보니 시내에서는 볼 수 없는 눈이 발목을 잡고 놓아주지 않으려고 한다. 산에 올라갈 수 있을지 걱정이 된다. 100m만 올라가면 뜰 앞까지 가련마는 한발 오르면 반발 뒤로 미끄러진다. 사람 발길이 끊어진 이곳에서 다치기라도 하면 여러 사람 힘들게 할 테니 조심해야 한다. 살아 있다면 그가 끌어올려줄 산길인데 생각하니 서러움이 복받쳐 온다.

요즈음 심장이 안 좋은지 폐가 안 좋은지 경사지만 오르면 숨이 막혀 헉헉댄다. 먹고 싶어만 할 뿐 밥 한 공기 먹지 못하고 누워만 있던 그의 모습이 떠올라 눈물이 쏟아진다. 눈앞이 흐려 오르기가 더욱 힘들어진다. 허위~허위 그의 앞에 올랐다. 햇빛이 모두 이곳으로 모인 듯 몸은 땀에 젖어 있고 눈바람이 찰 것 같다. 그런데

양지바른 언덕이라 그런지 따뜻하기만 하다. 반기는 기색도 보이지 않는 그의 앞에 꿇어앉아,

"나왔어 여보, 당신 만나기 정말 힘드네요. 설에 이 한복 곱게 차려입고 아들 집에 가서 손자들 재롱도 보면서 맛있는 음식 많이 드시고 손자들에게 세뱃돈도 넉넉히 주고 세배 받고 와요. 당신 입고 나설 옷 없어 화날까봐 한복 챙겨들고 서둘러왔어요. 아이들 집에 찾아가기 힘들까봐 조끼주머니에 아들 집 주소 적어 넣었으니 못 찾으시면 꺼내보셔요. 손자들 주라고 용돈도 챙겨 넣었어요."

혼자 중얼거리고 나니 명절마다 곱게 차려입은 선한 모습이 보인다.

"그렇게 울기만 하면 어떻게 해요. 해가 저물었는데 서둘러가야지! 빨리빨리 서둘러요."

그의 음성이 들린다. 정말 해는 기울고 어둠이 깔린다. 눈을 한 쪽으로 밀고 신문지 한 장을 깔아놓고 라이터로 불을 붙였다. 한복 타는 연기가 하늘 높이 오른다. 연기 속에 그가 놓고 간 마음까지 모두 담아 보내고 나니 이제 혼자라는 생각이 짙게 다가온다. 한참을 말없이 지켜보다가 산을 내려오는데 그분이 뒤에서 말없이 바라보고 서있는 것만 같아 돌아보고 또 돌아보고 몇 번을 봤지만 그의 모습은 보이지 않고, 돌아서는 발길이 오를 때보다 더욱 무거웠다.

# 5부

# 열 자식 한 부모

김천에는 국비로 운영하는 노인전문 병원이 세 군데 있다. 내가 봉사하러 가는 곳은 김천역에서 30분 정도 가면 된다. 오전 10시, 12시에 역 앞에서 그곳으로 가는 손님들을 병원차가 모시고 간다. 그곳에 시아버님이 계셔서 면회를 다니다가 주간병동 과장님을 알게 되어 일주일에 한 번씩 노인들과 같이 병실에 꽃을 꽂고 오락을 하면서 봉사하는 시간을 갖는다.

노인 전문병원 가는 길 숲에 큰꽃으아리가 탐스럽게 피어있고 숲속에서는 새들의 울음소리가, 근심을 담고 이곳을 오고가는 사람들의 가슴을 다소나마 열어주며 잠시 쉬어가게 한다. 어른들이 입원하고 계신 병동에 들리면 할머니가 하루에 수십 번 찾던 딸이 찾아왔는데도 딸을 알아보지 못한다.

안타까운 마음에 어머니의 등을 어루만져주는 딸은 입에다 정성껏 요플레를 떠서 넣어주고 있다. 딸의 얼굴엔 미안함과 자식의 도리를 다하지 못한 고통이 배어 있어서인지 어두운 그늘이 보인다.

한참을 받아 삼키는 노모에게 "어머니, 요플레 맛이 있어요?"하고 묻는 딸에게 말 대신 가늘어진 고개를 힘없이 아래 위로 저어준다. 눈시울이 촉촉히 젖은 딸을 바라보는 간병인이 애처로운지 분위기를 바꾸려고 "할머니, 저분이 누구예요?" 한다. 할머니는 또 고개만 좌우로 흔들어 보일 뿐 말이 없다. 그렇게도 기다리고 애타게 찾던 딸을 잊은 모양이다.

치매가 있다고 24시간 혼돈을 일으키는 것은 아니고 때로는 언제 그랬느냐는 듯 본심으로 돌아가는 것이 치매노인이다. 대부분 같이 있는 사람은 양면을 보았기 때문에 치매라는 것을 알지만 잠시 다녀가는 딸 앞에서는 안 좋은 행동은 보이지 않고 말과 행동이 정상적으로 대하기 때문에 딸은 모시고 있는 올케가 거짓말한다고 생각을 한다.

치매의 초기증상은 남을 의심을 하다가, 한 단계 지나면 보따리를 싸고, 그 다음 단계에서는 평생 살아오면서 말 못하고 속에 가

두어 두었던 한이 밖으로 노출된다. 옆자리 나이는 많지 않을 것 같으면서 기골이 장대하고 점잖은 모습을 한 할아버지가 침대 위 짐을 누가 가져갈까 봐 보따리를 만들어 등에 걸머지고 벌떡 일어나 마산으로 가신다며 소란을 피우더니 간병인 눈치를 보며 슬그머니 복도로 빠져나간다. 간병인은 못 본 척 잡지 않는다. 결국은 복도를 한 바퀴 돌아 들어오게 되어 있다.

병실을 나가면 밖으로 나가는 통로는 사방이 굳게 잠겨 있다. 한두 사람도 아니고 많은 사람을 일일이 다 지킬 수 없고 병원을 나가면 잃어버릴까 싶어 문을 항상 잠가둔다. 할아버지는 통로를 한 바퀴 돌아 제자리로 돌아오셨다. 간병인들이 놀리느라

"할아버지, 마산 갔다 오셨어요?"

"응, 마산은 풀도 있고 밭도 있어."

이렇게 농담아닌 농담을 주고 받는다. 아마 할아버지는 병원으로 오시기 전에 마산서 농사를 지은 모양이다. 해만 지면 잊지 않고 가시는 마산행 할아버지로 알려졌다.

아무리 치매가 걸려 정신이 없어도 무의식중에 젊었을 적 했던 일들은 살아나는 것이 치매 걸린 사람들의 공통점이다. 그렇기 때문에 젊어서 윤리도덕에 어긋나지 않게 살아야 치매가 와도 남들에게 황당한 모습을 보이지 않고, 주변 사람들도 웃음으로 대할 수 있다.

시어머니는 중풍 걸려 10년, 치매를 3년간 앓고 있었고, 시아버지도 치매에 걸려 있었다. 딸이 준 식용유를 음료수로 알고 두 분이 저녁에 사이좋게 한 병 다 마시고 밤새도록 설사를 하고 아침에 밖으로 나온 시아버지 모습은 상의부터 하의까지 온통 황금색으로 오이꽃이 피어 있었다.

아침 준비를 하던 나는 깜짝 놀라 방문을 열어 보니 누워 있는 시어머니도 황금색 옷에 황금색 이불을 덮어쓰고 있어 변에서 나는 냄새가 너무 지독해서 코로 숨을 쉴 수가 없었다. 중풍보다 더 힘든 것이 치매 환자를 모시는 일이다. 잠시만 방심하면 사고를 치신다. 중풍 환자는 몸을 자유로 할 수 없어도 정신은 있으니까 혼자 두어도 되지만 치매 환자는 혼자 둘 수가 없다. 온 가족이 스트레스를 받게 된다.

말문을 닫아버린 나는 그것들을 치우느라 한나절을 죽을 힘을 다했다. 식전부터 온 한나절을 다 치우고 나니 속이 뒤집혀 밖에 잠시 마음을 진정시키려고 나갔다가 산에서 길로 굴러 떨어져서 팔을 많이 다쳐 의식을 잃었는데 길 가던 사람들이 119를 불러줘서 병원으로 옮겨 한 달이나 입원하고 퇴원했다. 그 후로 어른들을 집에 모시고 수발 들어줄 사람이 없어 그날로 자식들 손에 끌려 노인 전문 병원에 계시다가 할머니는 위중하셔서 집으로 모시고 왔는데 얼마 못살고 생을 마감하시고, 할아버지는 이 요양원으로 옮겨 입원을 하고 계시다가 얼마 후 병세가 악화되어 자식들도 알지 못 하고 세상을 뜨셨다.

옛날 같으면 생각도 못할 일이지만 세상은 놀랄 만큼 변하고 좋아져서 노인 요양 병원들이 우후죽순처럼 세워져서 새로운 일자리로 변해가고 있다. 이런 병원이 자식들 할 일을 대신해 주니 살기 바쁜 자식들 걱정 덜어주고 시설이 잘 되어서 노인들도 병원이 집보다 편하다고 한다. 이것이 평균 수명이 길어지는 원인이 되기도 한단다.

수명이 길어지다 보니 다 늙은 자식이 노부모를 모시기란 정말 힘든 일이다. 이런 시대에 노인 병원이란 새로운 직업이 생겨나서 일자리가 없어 고통 받는 젊은이들의 고통도 덜어주고 노인들의 고통도 덜어주니 일석이조다. 그래도 이제 노년을 마감하는 어르신들을 젊은이들이 집에서 모시려 하지 않고 전문 기관에 맡기는 것이 당연한 과정이라고 가볍게 생각해 버리는 것은 서글프다.

# 까치와의 하루

오늘 할 일은 땅콩을 심는 일이다.

지난밤 씨앗을 심기에 아주 알맞은 비가 내렸다. 걸핏하면 바람을 타고 중국으로부터 황사가 날아와 사람들의 건강을 해치고 동물과 식물에게도 피해를 준다. 이제 일손을 놓을 때가 되었는지 일을 하려니 겁부터 난다.

일이든 공부든 때가 있다고 하더니 일을 무리하게 하면 손발이 쥐가 나는 것이 몸에 무리가 오는 것을 알 수가 있다. 산에 오를 적마다 번식기에 들어간 산짐승들이 놀라 달아날까 봐 조심조심 산으로 가는데 등산객들은 산에만 오르면 스트레스 해소를 하려고 그러는지 야호 하고 소리를 질러 메아리 소리가 산천을 울린다. 그럴 때마다 내 마음은 짐승들이 놀랄까 봐 조마조마하다.

벚꽃이 만발하고 배꽃도 피어 온산이 꽃으로 덮인 비탈길을 올라 밭으로 갔다. 산허리를 감싸고 있는 밭을 한 골 두 골 골을 짓고 있는데 반갑지도 않은 까치들이 냄새를 맡았는지 눈으로 보았는지 자기들만의 언어로 짖는 소리가 요란스럽다. 땅콩 그릇을 둘러싸고 이 놈이 쪼아 먹고 저 놈이 쪼아 먹고, 쫓아버리면 다시 날아 들고 쫓고 쫓기는 일 때문에 일이 늦어지니 짜증만 난다.

정오가 가까워지자 나무가 부러질 정도로 맞바람이 불어 까치들도 거센 바람은 이기지 못하는지 모두 집으로 들어가 갑자기 소란스럽던 산속이 심심할 만큼 고요해졌다. 말은 하지 못하지만 바람이 나무를 사정없이 흔들어 대니까 까치들도 집이 땅에 떨어질까 봐 지키기 위해서 들어간 것이 아닌가 싶은 생각이 든다.

땅에서 살아가는 꿩은 걱정이 없다는 듯 긴 목을 땅에 박은 채 내가 자기를 향해 돌팔매질을 하는 줄도 모르고 땅을 파헤친다.

까치 때문에 늦어진 일을 점심시간에 맞추기 위해 열심히 땅을 파고 있는데 위에서 돌 구르는 소리가 나서 쳐다보니 고라니가 겁에 질려 달아나고 있었다. 우리 밭의 시금치를 뜯어 먹고 생계를 이어가는 바로 그 놈일 것이다. 오늘도 시금치를 뜯어 먹으려고 몰래 내려왔다가 나를 보고 혼이 난 모양이다. 어디로 가는지 한참이나 바라봤다.

멈춘 손을 다시 움직여 밭고랑을 만드는데 흰 띠를 두른 지렁이가 괭이날에 걸려 밖으로 딸려 나왔다가 햇빛이 싫은지 온몸을 흔들며 흙속으로 다시 파고 들어간다. 땅에서 끌려나온 개구리는 힘들지 않고 세상 구경나왔다는 듯이 이리 뛰고 저리 뛰고 즐거워 못 견딘다.

저 멀리서 산불 조심 캠페인 나온 시청 여직원의 음성이 들리고, KTX 열차가 김천시가지를 빠른 속도로 빠져나가는 모습도 보인다. 밭이 인가 부근에 있기 때문에 일을 하다 허리를 펴고 앞을 보면 시가지가 한눈에 들어온다.

밭두렁에 심어 놓은 호두나무가지에 꽃이 주렁주렁 피었다. 호두나무 꽃은 잎줄기에 피지 않고 나무줄기에 피는 것이 신기하다. 모든 이에게 호두나무 꽃이 어디에 피었느냐고 묻는다면 제대로 대답할 수 있는 사람이 몇 명이나 있을 지 의문이다. 연약한 여자가 괭이로 땅을 파서 뒤집는다는 것이 말처럼 쉬운 게 아니다. 땅콩을 심어야 할 땅 면적의 반이나 일군 것이다.

점심시간이 되었는지 속이 쓰려온다. 싸들고 온 점심을 풀밭에 펼쳐 놓고 너무 힘들어 잠시 풀밭에 누워 하늘을 쳐다봤다. 하늘은 평온하고 소란스럽던 바람도 자고 한나절 가까이 땅만 쳐다보고 일을 해서 목이 아파 한참을 누웠다 일어나니 현기증이 난다.

가져간 점심을 잔디밭에 풀어놓고 고수레(밥을 한술 떠서 들에 버리며 농사 잘 되기를 비는 행위)를 하고 먹었다. 야외에서 먹는 점심은 반찬이 없어도 정말 꿀맛이다.

점심을 먹고 나니 한 발자국도 떼기가 싫다. 한참을 이 생각 저 생각 하며 쉬다가 다시 땅콩을 심다 보니 날은 어두워지고 산짐승들은 모두 안식처로 들어갔는데 까치 한 마리가 땅콩 밭 주위를 떠날 생각을 하지 않는다. 배가 무척 고파 밤에 잠을 이루지 못할 것 같아서 가지 않은 건가! 집으로 돌아가야 되는데 까치는 가지 않고 날이 어두워지니 무서운 생각이 든다. 이곳에 산돼지가 내려와 썩은 고목나무를 이빨로 허옇게 흩어 놓은 흔적이 있다. 땅콩 밭을 까치에게 맡기고 돌아설 수밖에 없었다.

이튿 날 아침에 밭에 가보니 까치가 땅콩밭을 이곳저곳 마구 파헤쳐 땅콩만 빼먹고 갔다. 요즈음은 짐승들이 농작물을 가만두지 않는다. 새떼며, 멧돼지며, 꿩, 고라니, 까치들을 지키기 위해서 들에서 밤을 지새는 농부들도 많다. 낮에 힘들게 일을 하고 밤에 들에 나가 밤을 지켜야만 농사를 지을 수 있으니 농부들의 애로는 클 수밖에 없다. 인간이나 짐승이나 먹고 살기가 만만치 않다.

# 아직도 통화중

살아있는 사람의 숨결만 들려오는 게 아니다. 죽은 자의 숨결도 들려온다.

곁에서 힘들면 도와주고 나락으로 떨어지면 같이 아파하며 손 잡아주고 희로애락을 같이했던 그분이 떠나 간지 삼 년이 흘러갔다. 코트 깃 여미는 12월이 오면 생각하지 않으려고 해도 한밤중 어둠을 타고 수십 년 전 문풍지 울던 밤 만취한 그이가 "나왔어, 문 열어." 하는 술 취한 음성이 들리는 듯하다.

다른 때 같으면 "취 했네요, 주무셔요." 하면 자리에 눕자마자 코를 골던 사람이 그 날은 애를 먹이려고 작정했는지 술 냄새를 풍기며 가사도 엉터리 '오동잎 한잎 두잎 떨어지는 겨울밤에'를 열창하는 바람에 동네 개들이 다 짖어대는데도 한 시간 넘게 나의 애간장을 타우더니 다시금 가사를 바꾸어 '쨍하고 해 뜰 날 돌아온단다. 쨍하고 해 뜰 날 돌아온단다.'를 고장 난 레코드처럼 지칠 줄 모르고 연속으로 불러대다가 스르르 잠이 들었다.

새벽닭이 홰를 치고 아침 해가 소리 없이 떠오르니 다른 때 같으면 안방에서 누워계실 시어른께서 "흐흠." 헛기침을 하며 문을 열고 나오는 소리가 들린다. 부엌에서 김을 만지다 바라보니 시아버님은 화를 삭이지 못하시는지 마당을 할 일 없이 두어 바퀴 돌고 나서 대문 밖에 나가 "에이 쨍하고 해 뜬다고 고함을 질러서 도대체 사람이 잠을 잘 수가 있어야지."하고 고함을 치시다가 나 보기가 멋적은지 집으로 들어오셔서 아들 방문을 열고

"애야 이리 나와 봐라."

하셨다.

"왜요?"

"쨍 하고 해 뜬다고 밤새도록 고함을 질러서 잠을 잘 수가 있어야지! 술 취했으면 고이 잘 것이지 밤새도록 해 뜬다고 고함은 지르는 거야."

하고 소리를 버럭 지르신다.

너무 우스워 밤새 잠을 못자 화가 나서 퉁퉁 부은 얼굴에 소리

내어 웃지도 못 하고 입 속으로 웃다보니 김에다 소금을 쳐야 하는데 설탕을 듬뿍 뿌리고 말았다. 소금과 설탕을 쳐서 구운 김 맛은 이상했다. 식탁에서 김을 드신 시아버지

"김 맛이 왜 이러냐?"

나는 할 말을 잃고 고개를 푹 숙이고 있었다.

"밤새도록 해 뜬다고 고함을 질러서 잠을 못 자게 하는 자식이나 김에다 설탕을 치는 너나 정신 나갔구나."

하시며 웃으신다. 그이도 나도 할 말이 없어 웃고 넘겨버렸다.

지금은 시아버지도 그분도 가고 없는 밤, 12월이면 영상으로 달려온다. 사람이 든 자리는 몰라도 난 자리는 안다는 어른들의 말씀이 새삼스럽게 생각난다. 애먹이고 힘들 때면 있는 것보다 없는 게 낫다는 생각이 안 들었다면 거짓말이다. 그런데 혼자 삼 년을 살고 나니 어려울 때가 너무 많고 자기 몸 관리 못해 타고난 수명을 다하지 못하고 친구들보다 앞에 떠났다는 생각에 원망이 앞선다.

# 부모 때문에 불행한 아이들

모든 생명, 모든 물체는 안과 밖이 확연하게 구분되어 있다. 세상에는 넘칠 만큼 많이 가진 사람과 배가 고파 헛것이 보일 정도로 지지리도 궁하게 살아가는 두 부류의 사람들이 존재한다.

말을 하다 말이 막히거나 더 이상 대책이 서지 않을 때 사람들은 팔자나 운명으로 돌리고 위안을 삼으며 살아간다. 품팔이하는 아버지와, 대학교 입시를 앞둔 맏아들과, 암과 싸우고 있는 중학생 아들, 그리고 초등학교에 다니는 막내아들을 둔 가정에서 엄마가 살기가 어렵다는 이유로 집을 나갔다. 아이들이 어릴 때 일이었다.

엄마가 집을 나갈 때 막내아들이 눈치를 채고 엄마의 치맛자락을 움켜잡고 질질 끌려가면서 울며불며 가지 말라고 매달려도 매정한 엄마는 뒤도 돌아보지 않고 떠났다고 했다. 그래도 자식들은 미련을 버리지 못하고 엄마가 떠난 길을 바라보며 기다리고 또 기다렸다고 했다.

먹을 것 입을 것 줄여가면서 이젠 고등학생이 되고 중학생이 되어 엄마를 기다리기보다 하루 빨리 어려운 생활고를 벗어났으면 좋겠다는 생각밖에 없다고 한다.

지하 쪽방에 살던 일가는 간신히 사글세방을 얻어 헌집으로 이사를 왔는데 지하에서 햇빛을 못 보다가 방에 햇빛이 드니까 아이들은 너무 좋아 누워도 보고 뛰어도 봤지만 얼마 가지 않아 아버지가 노동일 하러 나간 사이에 소낙비가 쏟아져 천정에서 마치 수돗물이 흐르듯 빗물이 흘러내렸다. 아이들은 놀라 아버지에게 전화를 해서 겨우 천막으로 비를 막았다.

아버지는 암에 걸린 아들을 불러 치료 기간만이라도 학교를 쉬는 것이 어떠냐고 휴학계를 내기를 권했지만, 배부른 돼지가 되느니 가난한 소크라테스가 되겠다며 우겨대는 자식의 고집을 꺾질 못했다.

형은 공고에 다니는데 야간 대학을 꿈꾸며 매일 새벽에 일어나 신문배달을 한다. 어떤 때는 새벽에 신문을 돌리다가 개에게 다리를 물려 학교에 가지 못한 적도 있었다고 했다. 그렇게 일해봐야 한 달 버는 돈은 20,000원에 불과하지만 아버지가 날일을 해서 네 식구 밥 먹고 나면 병원비 대고 사글세 내기가 힘든다는 것을 알기에 그렇게라도 돕는다고 했다.

아버지는 큰아들이 대학에 가지 못하면 실망할까 봐 조심스럽게 불러 놓고 말했다.

"미리 말이라도 해둘까 싶어 너를 불렀다. 우리 형편을 너도 잘 알지? 내가 너를 대학에 보내고 싶지 않아서가 아니라 대학 보낼 능력이 없으니 힘들지만 여기서 진학 문제는 깨끗이 접고 취직을 하는 것이 어떠냐?"

"아버지 낮에는 일을 해서 자금을 모아 야간 대학교를 가겠으니 동생들 걱정이나 하셔요."

하니 아버지는 더 할 말이 없었다. 요즈음 사람들 중에는 어려우면 아이들 뿐만아니라 어른도 가정을 뛰쳐나가 가정 파탄을 낸다. 그래서 소년 소녀 가장들이 늘고 황혼 이혼하는 부부도 많다.

농촌 총각들이 장가를 가지 못하는 이유도 여기에 있다. 그래서 생겨난 다문화가정에서 태어난 아이들은 엄마 말도 아빠 말도 배우지 못해 학교에서 수업이 뒤처지고 이주여성들도 10여년이 되도록 한국말을 배우지 못해 어려움을 겪는 경우가 많다고 한다. 남편에게 구박받다가 이혼한 후 아이들 데리고 혼자 사는 이혼녀도 있다. 너무 고통스러워 모든 기억을 지우개로 지울 수만 있다면 백지로 만들고 싶은 심정이라고 이주여성은 말하고 있다.

하기에 따라서는 다문화가정 아이들은 우리 한국 아이들보다 외국어 한 가지를 더 배울 수 있는 여건을 갖춘 것이니 지혜와 용기를 발휘했으면 좋겠다.

# 연금이 효자

남편의 퇴직을 눈앞에 두고 우리 부부는 편히 잠을 이루지 못할 정도로 퇴직 후를 계획하고 따져 봤지만, 이것이 좋겠다 저것이 좋겠다 개운한 답을 내지는 못했다. 우선 퇴직금을 일시불로 받느냐, 아니면 반을 연금으로 하고 나머지를 현금으로 받느냐를 결정하는 일이다. 우리 가족은 후자를 택하기로 합의를 보고 그렇게 연금공단에 신청을 했다.

이제 생각하니 연금의 고마움을 뼈저리게 느끼며 참 잘 했구나 하는 생각이 든다. 욕심 같아서는 현금을 찾지 말고 다 연금으로 했더라면 지금쯤 마음 편히 살아갈 텐데 하는 생각이 든다. 퇴직이 가까워 오면 누구나 한번쯤 고민해 보는 부분이다.

우리가 연금을 할 때 욕심이 생겨 일시불로 다 타서 은행에 맡기고 이자로 생활을 하는 사람을 보면 이자가 적기 때문에 친구도 만나지 않고 밖을 모르고 사는 사람이 있고, 자식이 사업을 한다며 퇴직금을 가져가 이자를 부모님한테 준다고 약속을 하고 몇 달씩 주지 않아 고생을 하고 있다. 우리는 그래도 일부를 타서 아이들 집 사는데 보태 주고 연금 받아 충분하지는 못해도 남에게 손 벌리지 않고 생활은 할 수 있다.

만약 일시불로 받았다면 이자가 적어 이자로 생활도 안 되고 생활비를 많이 줄이지 않으면 안 되었을 것이다. 퇴직 당시 막내가 대학 졸업하고 직장을 얻지 못했는데 지금쯤 다 써서 없어졌지 않았을까 하는 생각도 든다.

직장에 나갈 때는 자유가 없다가 퇴직 후 24시간을 본인 마음대로 활용할 수 있어 처음엔 정신없이 사람들을 만나러 다니고 먹고 싶은 것 다 먹으며 행복해 하고 기뻐했다. 그러나 그것도 잠시뿐 우선 고정적인 수입이 반으로 줄어 경제적 타격을 받아 스스로 왕소금이 되어가고 있구나 하는 서글픈 생각이 들었다. 퇴직하고 일 년도 못 되어서 아침이면 출근하고 저녁이면 퇴근하던 그때를 그리워하기 시작하는 것이다.

죽순처럼 자라버린 아이들은 짝을 찾아 직장 따라 떠나고 집에는 90세가 가까운 중풍 걸린 모친과 90이 넘은 치매기가 있는 부친이 계셨다. 그러니까 더 밖으로 나가려고 했던 것 같다. 집안에는 웃음이 사라지고 무거운 분위기 속에서 당당해진다는 것은 어려운 일이다. 힘은 점점 빠지고 잃어버린 웃음을 찾을 수가 없었다. 정신적으로 힘들고 육체적으로 고생하고 있는 남편에게 힘든 것을 보이지 않으려고 노력했지만 현실을 숨기기란 어려웠다.

환경이 바뀐 탓인지 남편은 마음 따로 몸 따로 일치를 이루지 못하고 짜증은 날로 늘어났다. 내가 봐도 말이 많아지고 안색도 전과 같지 않아 영 마음이 편안하지 않아 이건 아니다 싶었다. 이렇게 나태해지다가는 불행하게 될 것 같은 예감이 들어 등산을 하라고 권했다.

산은 그를 감싸 안아 주었고 건강은 조금씩 회복기에 들어가고 새로운 친구도 생겨 근심걱정 산이 다 받아 주었구나 하는 생각이 들었다. 그런 중에도 적자생활을 면하기 어려울 것 같아 우선 전기료나 난방비를 줄이기 위해서 여름에는 더위를 피하려고 은행에 볼일을 핑계 삼아 그곳에 가서 더위를 피했고 겨울에도 같은 방법으로 난방비를 줄여 보려고 집에서 가까운 도서관으로 갔다.

관광비. 유흥비, 교양비, 외식비, 모두를 줄여 봐도 생활은 넉넉지 못했다. 눈에 보이는 것만을 알고 살아온 내가 생활이 힘들면서 어느 날 막내가 글을 써놓은 것을 보고 몸이 칼에 베인 것 같았다. 칼로 벤 상처는 아물지만 마음을 베이면 그 상처가 가슴속에서 자란다는 것을 알 수 있었다. 내 마음이 아픈 것보다 자식이 아파하는 것이 참기 더 어렵다. 달이 지고 별이 빛을 잃어가는 밤, 날이 밝도록 불을 밝혀 놓고 머리를 쓰고 굴려 봐도 묘수가 떠오르지 않아 안타까웠다. 이제는 다 지나간 이야기다.

# 본래의 모습이 아름답다

오늘이 입춘인데도 밤사이 눈이 내려 정원수마다 하얗게 눈꽃을 피웠다.

작은 나무가 허리 아프다 소리칠 것 같아 비를 들고 얼른 털어 버렸다. 눈을 보고 있는 내 마음은 연기가 하늘로 올라 구름 속으로 번져가듯 어린 시절의 이곳저곳으로 번져간다. 배우가 촬영 세트장에서 연기하듯 뽀드득 뽀드득 눈길을 걸어 어린 소녀처럼 눈 위에 누워도 보고 입에 넣어 씹어도 본다.

시린 손을 호호 불며 눈 뭉치를 굴리고 또 굴려 항아리만큼 커지면 큰 덩어리 위에 머리만큼 작은 덩어리를 얹어 머리를 만들고 가마솥 아궁이 불덩이를 눈으로 덮어 꺼진 숯으로 눈, 코, 입을 만들고, 내 모자를 씌우고 목에는 수건도 둘러주었다. 그렇게 만든 눈사람을 보며 깔깔대던 개구쟁이 친구들, 어릴 적에는 별 것도 아닌 일에도 많이 웃었던 것 같다. 지금은 흩어져 생사를 모르는 그 동무들이 그립다. 추억도 글도 늙지 않는데 나만 세월을 이기지 못해 얼굴에 주름만 깊어간다. 좋은 추억은 영원히 간직하고 나쁜 추억은 눈 녹듯 녹아 버렸으면 좋겠다.

이렇게 눈 쌓인 날이면 오빠들의 장난기가 발동을 했다. 천지가 눈으로 덮이면 참새들이 먹을 것이 없었다. 초가집 추녀 밑  깊숙이 들어가 잠들어 있는 참새를 잡아내어 치켜들고 개선장군처럼 기뻐했다.

소죽 끓이는 아궁이 불에 구운 참새고기에 찍어먹으려고 소금 가지러 가다가 고드름을 밟아 미끄러져서 소금단지 깨놓고 도망치던 작은오빠, 그사이 큰오빠는 혼자 맛있게 먹다가 입맛만 다시고 있는 나에게는 맛만 보여주었다. 냄새를 맡고 쫓아오신 어머니는, 여자 아이는 새고기를 먹으면 그릇을 깬다며 놀라 펄쩍 뛰셨다. 오빠는 새를 구우면서 새가 소 등에 앉아서 내 고기 한 점하고 네 고기 한 근하고 안 바꾼다고 소를 조롱한다고 했다. 새고기는 정말 다른 고기맛보다 일품이었다. 이렇듯 눈 쌓인 날이면 강아지는 강아지대로 사람은 사람대로 밖에 나가 추위에 떨면서도 즐거워 시간 가는 줄 모른다.

언제나 깨끗하고 기쁨을 주는 하얀 눈은 햇볕을 받으면 맥없이 녹아 물이 되어 다른 곳으로 흘러가고 만다. 눈은 본래부터 눈이 아니고 물이었다. 사람도 굳어진 마음을 눈처럼 스스로 녹이고 거르는 작업을 거쳐 물이 되어 다른 사람과 어울리지 못하고 겉돌기만 하면 남의 마음을 불편하게 하는데 사람도 본래는 물이었기 때문이다.

눈은 아무리 많아도 쓸 데가 없지만 물은 생명을 살린다. 눈처럼 사람을 차갑고 추위에 떨게 하지 말고 눈이 물로 변해서 대지의 목마름을 적셔주고 봄이면 땅을 뚫고 올라오는 어린 생명에게 힘이 되는 물, 어떤 용기에 담겨져도 같은 모양으로 변해 화합할 수 있고, 더러운 것을 말끔히 씻어주고 목마른 자의 목을 축여주는 물 같은 사람이 되어야하지 않겠는가?

# 딸이 아빠를 찾던 날

남편이 세상을 뜨고 오랜만에 딸을 보니 서러운 눈물인지 반가운 눈물인지 눈시울이 뜨겁도록 눈물이 흐른다. 딸은 집으로 들어서자 땀도 마르기 전에 아버지 산소에 가자고 한다. 날씨가 더워 아이들을 데리고 산에 올라가기는 부담스럽지만 이제 딸이 돌아가면 언제 올지 모르는데 그이가 반가워할 것 같아 산소로 갔다. 삼복더위에 가파른 길이지만 다행히도 오늘은 구름이 태양을 가려 날씨가 나들이 길을 도와주고 있는 것 같았다.

바빠서 그렇겠지만, 애들 아버지 돌아가고 며느리도 딸도 발길이 뜸해져, 말은 하지 않아도 섭섭하고 쓸쓸하게 느껴질 때가 많았다. 그래도 내색하지 않고 엄마는 외롭지 않다고 자식들에게 말은 하지만 나도 사람인데 왜 외로움이 없을까! 세상 물정 모르는 자식들이 부모 마음 속속들이 이해하지 못할 줄은 알면서도 위로 전화라도 해주면 하는 바람이 있었지만, 그럴 때마다 섭섭함을 잊으려고 일에 정신을 쏟아왔다. 그래도 큰자식만은 책임감이 있어서인지 바쁜 중에도 자주 전화로 안부를 물어온다.

사람이 산에 오르지 않는 철이라서 풀과 나무가 무성해서 길을 내가며 올라오느라 숨이 가쁘다. 딸과 사위도 짐 챙기고 자식 챙겨 올라오느라 헉헉댄다.

나는 산소 앞에 앉아 그에게 말을 걸었다. 한동안 오지 않아 묘 주변도 무성한 숲으로 변했다.

"여보, 딸을 보니 눈물이 나도록 반갑지요? 나도 딸을 오랜만에 만났어요. 당신 삼우제 지내고 처음이요. 당신도 외손녀 외손자 보니 귀엽지요? 친손자가 같이 못 와서 서운하겠지만, 아이들 장차 살아갈 세상이 대충은 짐작이 가는데 갈수록 힘들지 않겠나 싶으니 당신이 잘 되도록 빌어 줘요. 잘 되면 당신의 덕으로 알리다."

우리는 가져온 술을 올리고, 잔 소나무를 뽑고 칡덩굴을 잘라낸 후 수도암 계곡으로 물놀이를 하러 갔다. 우리가 도착한 지역은 남편이 샀다가 팔아버린 곳으로 계곡이 맑고 아름다운 곳이다. 오염되지 않은 물이 흐르는 계곡이었다. 이곳을 남편이 샀을 때 세상을 다 얻은 듯 나는 기뻤고 시간만 있으면 이곳에 와서 쓸모없는 나무를 자르고 가꾸는 재미가 쏠쏠 해서 살맛 나게 만들어주었던 곳이다.

그렇게 즐기며 몇 년이 흐르고 이듬해 봄이 오자 내가 그곳에 간다고 하면 남편은 이상할 만큼 화를 많이 냈다. 영문도 모르는 나는 남편이 화내는 것이 싫어서 그럴 때마다 그냥 주저앉고 가을이 다 가도록 와보지 않았는데 무슨 연유에서인지는 알 수 없지만 남편은 상의 한 마디도 없이 이곳을 팔아치웠다.

이곳은 자식들 키워 살림을 내보내고 둘이서 전원생활을 해볼까 하고 사둔 곳인데 몰래 팔아버린 남편이 밉기도 하고 이미 남의 땅이 되어버린 이 땅도 보기가 싫어 오지 않고 있다가 오늘 딸과 오고 보니 한동안 참고 있던 서러움이 밖으로 드러나 마음을 가라앉힐 수가 없어 편치가 않다. 돈을 떠나서 내가 갖고 싶어도 다시는 구할 수 없는 땅이라 더 아쉽다.

사위와 손자들이 물놀이하는 것을 보고 모른 척 산으로 올라가 멍하니 하늘에 떠가는 구름만 쳐다보며 남편을 원망해 봤지만 이미 사람도 재산도 돌이킬 수 없는 마당에 애태우는 바보가 되기 싫어 이곳에서 가장 아름다운 곳으로 자리를 옮겨가 물이 맑게 흐르는 곳을 쳐다보고 있으니 금방 마음이 맑아온다.

몇 시간 놀다 서울로 올라갈 아이들이 늦어질까봐 집으로 오는데 너무 피곤해 손자와 딸은 고이 잠들고 운전하는 사위도 몹시 피곤한 기색이다.

나도 지칠 때로 지쳐 저녁은 간단한 국수로 했다. 그래도 모두가 맛있게 먹고 있는 것을 보니 보기가 좋다. 식사가 끝나니 가겠다고 나선다. 이제 가면 언제 올지 모르는 아이들이다.

모두가 떠나고 덩치 큰 집에 혼자 남으니 또다시 쓸쓸한 기운이 집안을 감돈다.

# 발은 쉬고 있어도

발은 눈에게 모든 것을 맡기고 의자에 앉아 편히 쉬고 있다. 눈은 소리 없이 혼자서 문을 관통하고 겁 없이 밖으로 나간다. 몸과 마음이 지쳐 있을 때면 머리를 둔기로 맞은 것처럼 띵해질 때가 간간이 있다. 계절의 변화처럼 수시로 마음이 변하여 집을 떠나고 싶지만 여행 경비가 없으면 몸은 누워 있게 하고, 전에 갔던 곳으로 눈만 여행을 보낸다.

발로 가보지 않았던 곳을 눈 혼자서 여행할 수는 없다. 그러나 발과 함께 갔던 곳이라면 눈은 혼자서 지구 끝이라도 여행을 다닐 수 있다. 더구나 눈 혼자서 다니면 발로 다닐 때보다 수십 배로 빨리 다닐 수 있고 지치지 않고 계절에 없는 것도 마음대로 볼 수 있다.

나는 지금 어릴 적 고향집에 와 있다. 수십 년 전 고향집 뜰 앞에 심어진 과꽃을 보고 있다. 어린 시절 봤던 것이라 그런지 요즘의 과꽃과는 비교도 되지 않게 예쁘다. 그곳에서는 아버지 어머니도 만날 수 있다. 눈으로 하는 여행은 계절에 관계가 없다. 초가집 추녀에 주렁주렁 늘어진 고드름도 볼 수 있다.

지금은 잘려나가고 없지만 마을 입구를 지키고 섰던 아름드리 팽나무도 보인다. 여름날 농부들이 등줄기며 얼굴에 흐르는 땀을 식히며 쉬어가던 곳이다.

여름이면 마당에 길게 줄을 지어 이동하던 불개미의 행렬도 보인다. 이렇게 개미가 이동을 하면 어른들은 비가 올 징조라고 했다. 비가 오면 마당에 물이 고이고 마당에는 물방울이 떠다녔다. 지금처럼 시멘트로 발라버린 마당에서는 볼 수 없는 아름다운 추억이다. 이것을 보고 가마라고 불렀다.

넓은 마당에 못 자국만한 구멍을 뚫어 놓고 고개를 내밀던, 머리는 검고 몸통은 하얀 벌레도 보인다. 지금은 어디에서도 볼 수가 없는 징그러운 벌레다. 구멍에 솔잎을 넣어주면 벌레는 솔잎을 물고 놓지 않아 잡아당기면 따라 올라오는 것을 보고 쾌감을 느끼며 놀이도구로 삼았던 유년시절, 그 소녀가 지금은 할머니가 되어 고향을 그리워하며 살아가고 있다. 마음이 무겁고 울적할 때면 하던 일 접어두고 뒷동산에 올라 마을을 내려다보고 가난한 생활이 싫어서 부모를 원망한 적도 있었다. 이제와 생각해 보니 그것들이 나를 지키는 유일한 위안이었다.

삶이 힘들고 아플 땐 사람보다는 식물을 찾아가는 것이 가장 빨리 위안을 받고 일상으로 돌아갈 수 있는 지름길이 된다는 것을 잘 알고 살아왔다. 나무는 뿌리로 땅에서 물과 양분을 얻어내고 잎이 햇빛을 받아 꽃을 피우고 열매 맺으며 부지런하게 여름을 보낸다. 가을이 오면 사람도 나무도 바빠진다.

사람들은 가을이 오면 단풍이 곱다고 이곳저곳 즐기고 다니지만, 단풍은 열매를 익게 하기 위해 진통을 겪고 있다는 것을, 열매가 익으면 물과 양분은 땅에게 받은 만큼 돌려 줄 때의 통증이 단풍인 것을 사람들은 잘 느끼지 못하기 때문에 구경을 다니며 희희낙락한다.

아름다운 단풍잎을 보면서 나무처럼 멋진 삶을 살다가 조용히 떠나야겠다고 다짐하면서 집으로 들어온 눈은 쉬고 있던 두 다리를 불끈 일으켜 세운다.

# 천안함 희생용사 46위의 장례식

2010년 3월 26일 오후 9시 30분, 서해 백령도 대청도 사이를 순찰 중이던 해군 초계함 772(104명 탑승)이 원인도 모르게 폭발하여 58명은 구조대에 의해 구조되었고, 46명이 생명을 잃었다.

어쩌다 이런 엄청난 슬픔을 국민들이 겪어야만 하는지, 자고 나면 국민 모두가 TV에서 눈을 떼지 못하고 있다. 더욱 답답한 것은 한 달이 다 가도록 왜 천안함이 폭발했는지 그 원인을 알지 못하고 있다는 점이다. 남은 병사의 시신이라도 찾아 가족들의 품으로 돌아가 줄 수 있다면 하는 게 국민들의 한결 같은 마음이다. 군과 민이 합심해서 밤과 낮을 가리지 않고 찾았지만 끝내 다 찾지 못하고 7명의 장병들의 시신을 찾지 못해 유가족들의 가슴에 한을 안긴 채 4월 29일 오전 10시에 해군장으로 장례식이 거행되었다.

"아들아 내 새끼 착한 놈아, 엄마가 지켜주지 못해 정말 미안하구나.

"이 겨울 차가운 바다에 얼마나 추웠겠나? 정말 미안하다. 그리고 또 미안하다."

"시간을 돌이켜 너를 살려낼 수만 있다면 너를 어떻게 보내니?"

"엄마를 용서해다오. 이 엄마는 어떻게 살라고!"

"이놈아 어떻게 갈래. 이놈아 대답 좀 하고 가거라."

"미안하고 또 미안하다, 뒤도 돌아보지 말고 잘 가거라."

영정 앞에 밥을 놓으면서,

"이 밥이 엄마가 지어주는 마지막 밥이다."

통곡하는 부모님도 있었다. 살아남은 장병들은 동료 장병들에게 너무나 미안해서 눈물을 닦으며 고개를 들지 못한다.

"슬퍼 마시고 떠나십시오. 전우들이 이루지 못한 것 우리가 다 이루겠습니다."

"숭고한 넋이여 하늘나라에서 편히 쉬소서."

"46용사여, 정말 미안합니다."

장례식장은 온통 울음바다다.

장례식에 맞추어 백령도 희생자들이 머물렀던 바다에서는 군함의 기적소리 들리고 조총을 발사한 후에 46명의 넋을 기리는 추모

제를 지내고 있었다.

대통령께서는 46명의 희생자 전원에게 화랑무공훈장을 주셨다. 바다를 지키다 희생한 용사들의 희생이 억울하고 분해서 통곡이 저절로 난다. TV를 통해 젊고 잘 생긴 장병들의 사진을 볼 적마다 가슴은 미어져 터지고 한 달 동안 눈물이 마르지 않고 일이 손에 잡히지 않는다.

유가족이 된 어린 자녀들 중에는 가슴이 미어지도록 우는 아이가 있는 가 하면 철없어 천진난만하게 웃는 아이도 있고 손수건으로 어머니의 눈물을 닦아주며 엄마를 위로하는 자녀들도 있어 보는 우리들의 가슴이 더 아프고 아렸다. 다시는 이런 비극이 없어야 한다. 영정 사진들이 해병장병들 품에 안겨 대전 국립묘지를 향해 출발하는 길에다 술을 쏟아 부으며 작별인사를 하는 아주머니도 계셨다.

장병들은 대전 국립묘지 특별 묘역에 한 줄에 10구씩 5줄로 묻혔다. 대통령께서는 천안함의 폭발이 누구의 짓인지 원인을 확실히 밝혀 우리의 안보태세를 강화시키겠다는 강력한 의지를 보여주며 눈물을 흘렸다. 우리 국가가 이 소행을 용서할 수 없고 용서를 해서도 안 된다.

천안 시민들은 천안함 재건을 위해 모금을 하기 시작했다고 한다. 나도 동참하고 싶다.

야생화의 꿈 정장림 수필집

인 쇄 | 2010년 6월 20일
발 행 | 2010년 6월 25일

지은이 | 정 장 림
펴낸이 | 서 정 환
펴낸곳 | 좋은수필사

주 소 | 서울시 종로구 익선동 30-6
운현신화타워 3층 305호
전 화 | 02)3675-5635, 063)275-4000
등 록 | 1984년 8월 17일 제28호
e-mail | bestessay@hanmail.net

값10,000원

ISBN 978-89-5925-713-3 03810